汽车运用与维修专业技能型紧缺人才培养培训教材
中等职业学校汽车运用与维修专业教学用书

Qiche Dianqi Shebei Gouzao yu Weixiu
汽车电气设备构造与维修

Xitiji
习题集

（第 2 版）

全　华　科　友　组织编写
杜春盛　刘海峰　主　　编
侯建党　韩希国　副主编

人民交通出版社股份有限公司
China Communications Press Co.,Ltd.

内 容 提 要

本书为《汽车电气设备构造与维修(第3版)》的配套习题集。共包括8个单元:汽车电气设备的基本知识;电源系统;起动系统;点火系统;照明与信号系统;仪表与电子显示系统;空调系统;辅助电气设备。每个单元均配有判断题、选择题、填空题、简答题、看图填空等题型,并附有参考答案。

本书可供全国中等职业学校汽车运用与维修专业教师和学生使用,也可作为相关培训的参考书。

图书在版编目(CIP)数据

汽车电气设备构造与维修习题集 / 杜春盛, 刘海峰主编. —2版. —北京: 人民交通出版社股份有限公司, 2019.6

ISBN 978-7-114-15377-8

Ⅰ.①汽⋯ Ⅱ.①杜⋯ ②刘⋯ Ⅲ.①汽车—电气设备—构造—中等专业学校—习题集②汽车—电气设备—车辆修理—中等专业学校—习题集 Ⅳ.①U472.41-44

中国版本图书馆 CIP 数据核字(2019)第 047069 号

书　　名:	汽车电气设备构造与维修习题集(第2版)
著 作 者:	杜春盛　刘海峰
责任编辑:	李　良
责任校对:	赵媛媛
责任印制:	张　凯
出版发行:	人民交通出版社股份有限公司
地　　址:	(100011)北京市朝阳区安定门外外馆斜街3号
网　　址:	http://www.ccpress.com.cn
销售电话:	(010)59757973
总 经 销:	人民交通出版社股份有限公司发行部
经　　销:	各地新华书店
印　　刷:	北京市密东印刷有限公司
开　　本:	787×1092　1/16
印　　张:	9.5
字　　数:	225 千
版　　次:	2011年7月　第1版
	2019年6月　第2版
印　　次:	2019年6月　第2版　第1次印刷　累计第5次印刷
书　　号:	ISBN 978-7-114-15377-8
定　　价:	26.00 元

(有印刷、装订质量问题的图书由本公司负责调换)

第2版前言
FOREWORD

为深入贯彻《国务院关于加快发展现代职业教育的决定》以及教育部等六部委《关于实施职业院校制造业和现代服务业技能型紧缺人才培养培训工程的通知》精神,积极推进课程改革和教材建设,为中等职业教育教学提供更加丰富和多样化的实用教材,适应经济发展、产业升级和技术进步,满足交通运输业科学发展的需要,人民交通出版社股份有限公司和相关机构组织全国交通职业院校的专业教师,按照"专业设置与产业企业岗位需求对接、课程内容与职业标准对接、教学过程与生产过程对接、明显提升职业院校毕业生就业质量"的要求,依据教育部颁布的《中等职业院校汽车运用与维修专业领域技能型紧缺人才培养培训指导方案》,对教育部职业教育与成人教育司推荐教材进行了再版修订,供全国中等职业院校汽车运用与维修专业教学使用。

此次再版修订教材符合国家对技能型紧缺人才培养培训工作的要求,体现了中等职业教育的特色,教材特点如下:

1. "以服务发展为宗旨,以促进就业为导向",加强文化基础教育,强化技术技能培养,符合高素质中、初级汽车专业实用人才培养的需求;

2. 总结近几年教学改革经验,教材修订符合中等职业院校学业生的认知规律,注重知识的实际应用和对学生职业技能的训练,符合中职院校教学与培训的需要;

3. 依据最新国家及行业标准,剔除上一版教材中陈旧过时的内容,教材修订量在20%以上,反映了新知识、新技术、新工艺。

本书是《汽车电气设备构造与维修(第3版)》的配套习题集。本书根据中职学生的学习能力和认知规律,配备了判断题、选择题、填空题、简答题和看图填空五种题型,并附有参考答案,具有较强的针对性和实用性,从而帮助学生更好地巩固专业知识和技能。

本书由杜春盛、刘海峰任主编,侯建党、韩希国担任副主编,参加本书编写工作的还有李培军、张立新、孟秀荣、黄艳玲、张义、孙涛、黄宜坤、李泰然、郭大民、项仁峰、李春芳、张丽丽等。

由于编者水平有限,书中难免有不妥和错误之处,恳请广大读者批评指正!

编　者

2019 年 2 月

目录

CONTENTS

习题部分

单元1　汽车电气设备的基本知识 ·· 2
单元2　电源系统 ··· 13
单元3　起动系统 ··· 31
单元4　点火系统 ··· 44
单元5　照明与信号系统 ··· 58
单元6　仪表与电子显示系统 ··· 66
单元7　空调系统 ··· 74
单元8　辅助电气设备 ··· 81

答案部分

单元1　汽车电气设备的基本知识 ·· 90
单元2　电源系统 ··· 97
单元3　起动系统 ··· 108
单元4　点火系统 ··· 116
单元5　照明与信号系统 ··· 123
单元6　仪表与电子显示系统 ··· 127
单元7　空调系统 ··· 134
单元8　辅助电气设备 ··· 141

习题部分

单元1　汽车电气设备的基本知识

单元2　电源系统

单元3　起动系统

单元4　点火系统

单元5　照明与信号系统

单元6　仪表与电子显示系统

单元7　空调系统

单元8　辅助电气设备

单元 1
汽车电气设备的基本知识

一、判断题

1. 国产汽车使用正极搭铁。（　　）
2. 汽车采用低压交流电,现代汽车的标称电压有12V和24V两种。（　　）
3. 蓄电池测试器,只能用于测试蓄电池的性能。（　　）
4. 导线的横截面积根据工作电流来选取,导线颜色应符合国家标准。（　　）
5. 在测量电解液密度时,需要进行温度校正。（　　）
6. 汽车上所有的导线均用花线。（　　）
7. 汽车上的全车线路全都包扎成束。（　　）
8. 高压点火线因其承载电压高,故线芯截面积选得都很大。（　　）
9. 不同电压的蓄电池可串联充电,但串联后的总电压不可超过充电机的最大充电电压。（　　）
10. 在对蓄电池进行充电时,不同电压的蓄电池可以并联充电。（　　）
11. 汽车电气设备采用单线制。（　　）
12. 在汽车电路中,保险装置是用来控制汽车电路中各种用电设备的电器装置。（　　）
13. 继电器是间接开关,由触点和线圈组成。（　　）
14. 一般情况下,充电电流约为蓄电池容量安培数的1/2。（　　）
15. 导线号码越大,其截面积就越大。（　　）
16. 汽车电气设备由电源系统和用电设备两部分组成。（　　）
17. 电源系统包括蓄电池、发电机及调节器。（　　）
18. 发电机与蓄电池串联工作。（　　）
19. 发动机不工作时由蓄电池供电,发动机起动后,转由发电机供电。（　　）
20. 发电机在给用电设备供电的同时,也给蓄电池充电。（　　）
21. 发电机调节器的主要作用是在发电机转速变化时,自动保持发电机输出电流稳定。（　　）
22. 起动系统是用来起动发动机的。（　　）
23. 点火系统的任务是产生高压电火花,点燃汽油发动机汽缸内的可燃混合气。（　　）
24. 照明系统包括车内外各种照明灯及其控制装置,主要用来保证夜间行车安全。（　　）
25. 信号系统主要用来保证车辆运行时的人、车安全。（　　）
26. 仪表及报警系统是用来监测发动机及汽车的工作情况。（　　）

27. 汽车电子控制系统主要指利用 ECU 控制的各个系统。 ( )
28. 配电装置可以使全车电路构成一个统一的整体。 ( )
29. 汽车采用低压直流电,现代汽车的标称电压有 12V 和 24V 两种。目前汽油车普遍采用 24V 电源系统。 ( )
30. 现代汽车普遍采用双线制。 ( )
31. 截面积在 4mm² 以上的导线采用单色线,而截面积在 4mm² 以下的导线均采用花线。 ( )
32. 高压线的工作电压一般在 15kV 以上,截面积较小,一般为 1.5mm²。 ( )
33. 高压线按线芯不同,它分为普通铜芯高压线和阻尼高压线两种。 ( )
34. 熔断器(俗称保险管)在电路中起开关作用。 ( )
35. 起动电缆为带绝缘包层的小截面铜质或铝质多丝软线。 ( )
36. 插接器用于线束与线束或导线与导线之间的相互连接,所有插接器均采用闭锁装置。 ( )
37. 为了实现汽车计算机与计算机之间的通信和数据共享,汽车常采用数据总线用来传输数据。 ( )
38. 易熔线是为在电流过时熔化和断开电路而设计的导线,是一种大容量的熔断器。 ( )
39. 断路器是当电流负荷超过用电设备额定容量时将电路断开的一种不可重复使用的电路保护装置。 ( )
40. 组合开关是一个多功能开关。 ( )
41. 常开继电器的触点在继电器不工作时是接通的,继电器线圈通电后触点是断开的。 ( )
42. 常闭继电器的触点在继电器不工作时是断开的,继电器线圈通电后触点才闭合。 ( )
43. 混合型继电器在继电器不工作时,常闭触点接通,常开触点断开,当继电器线圈通电时,则变为相反状态。 ( )
44. 汽车电路图可分为电路原理图和电路定位图。 ( )
45. 电路原理图是用图形符号按工作顺序或功能布局绘制的,详细表示汽车电路的全部组成和连接关系,而不考虑实际位置的简图。 ( )
46. 万用表由表头、测量电路及转换开关三个主要部分组成。 ( )
47. 现在用的仪表多数为模拟式仪表。 ( )
48. 万用表表头的灵敏度是指表头指针满刻度偏转时流过表头的直流电流值,这个值越大,表头的灵敏度越高。 ( )
49. 万用表测电压时的内阻越小,其性能就越好。 ( )
50. 万用表的测量线路是用来把各种被测量转换到适合表头测量的微小直流电流的电路。 ( )
51. 万用表的转换开关是用来选择各种不同的测量线路,以满足不同种类和不同量程的测量要求。 ( )

52. 在无法预先估计被测电压或电流的大小,应先拨至万用表最低量程挡测量。( )
53. 在用万用表测量时,仪表仅在最高位显示数字"1",其他位均消失,说明所选量程过高。( )
54. 用万用表测量电压时,应将数字万用表与被测电路串联。( )
55. 用万用表测电流时应将万用表与被测电路并联。( )
56. 用万用表测量直流量时必须考虑正、负极性。( )
57. 在使用万用表时,允许在测量高电压或大电流时换量程。( )
58. 不得用万用表检测高于 20A 的电流。( )
59. 测量蓄电池各分电池的密度时,密度计应保持在各分电池上方读取读数。( )
60. 充电机有固定式及移动式两种。( )
61. 密度计使用时必须保持垂直。( )
62. 当万用表显示"BATT"或"LOW BAT"时,表示万用表电池电压低于工作电压。( )
63. 一般充电时的充电电流约为蓄电池电容量安培数的 1/15。( )
64. 万用表主要用来显示控制系统中输入、输出信号的电压波形。( )
65. 在使用蓄电池测试仪测试时,正负极在连接状态叫"车外",正负极在断开状态叫"车内"。( )
66. 在使用蓄电池测试仪测试时,点火开关一定处于关闭位置。( )

二、选择题

1. 下列不是电源系统组成部件的是_____。
　　(A)蓄电池　　(B)发电机　　(C)调节器　　(D)起动机
2. 下列不是汽车电气设备组成部分的是_____。
　　(A)电源系统　(B)用电设备　(C)配电装置　(D)检测装置
3. 下列不是点火系统主要零件的是_____。
　　(A)点火线圈　(B)调节器　　(C)分电器总成　(D)火花塞
4. 下列不属于配电装置的是_____。
　　(A)中央接线盒　(B)ECU　　(C)电线束及插接件　(D)熔断器
5. 高压导线的截面积约为_____。
　　(A)$0.5mm^2$　(B)$1.0mm^2$　(C)$1.5mm^2$　(D)$2.0mm^2$
6. 用万用表测量四缸发动机闭合角时,量程应在_____。
　　(A)4CYL　　(B)5CYL　　(C)6CYL　　(D)8CYL
7. 下列不属于汽车电路的基本元件的是_____。
　　(A)继电器　　(B)熔断器　　(C)控制器　　(D)插接器
8. 目前汽油车普遍采用_____电源系统。
　　(A)6V　　(B)9V　　(C)12V　　(D)24V
9. 蓄电池在45℃时,测得密度为$1.250g/cm^3$,则在20℃时的密度为_____。
　　(A)1.266　　(B)1.267　　(C)1.268　　(D)1.269

10. 关于使用密度计测量电解液密度的说法，正确的是_____。
    (A)密度计放入分电池中，吸取定量的电解液
    (B)需要放入温度计测量电解液温度
    (C)读取密度，并做温度校正
    (D)温度校正时，以20℃为准，每升高1.5℃，密度增加0.001

11. 汽车上的全车线路除_____外，都包扎成线束。
    (A)发动机接线　　(B)仪表接线　　(C)车身接线　　(D)蓄电池接线

12. 关于数字式仪表的优点说法，不正确的是_____。
    (A)灵敏度高　　(B)准确度高　　(C)可靠性高　　(D)过载能力高

13. 快速充电机的最大充电量，约为蓄电池电容量安培数的_____。
    (A)30%　　(B)40%　　(C)50%　　(D)80%

14. 蓄电池测试器的测试项目不包括_____。
    (A)电池电压　　　　　　　(B)电池状况
    (C)提供测试代码　　　　　(D)发电机输出电压测量

15. 汽车用万用表不能实现的功能是_____。
    (A)测电流　　(B)测功率　　(C)测电阻　　(D)测电压

16. 下述情况的蓄电池适用快速充电的是_____。
    (A)使用较久的蓄电池　　　(B)使用不久的蓄电池
    (C)硫化的蓄电池　　　　　(D)久未使用的蓄电池

17. 高压导线的耐压能力在_____以上。
    (A)5kV　　(B)10kV　　(C)15kV　　(D)20kV

18. 下列说法错误的是_____。
    (A)不同电压的蓄电池可串联充电，但串联后的总电压不可超过充电机的最大充电电压
    (B)串联充电属等电流充电，各蓄电池的充电电流是相同的
    (C)不同电压的蓄电池可并联充电
    (D)等压充电法是将各蓄电池以并联连接

19. 汽车线路中保险装置的作用是为了防止在电路中发生_____。
    (A)断路　　(B)短路　　(C)过电压　　(D)以上都是

20. 快速充电机的最大充电量，约为蓄电池电容量安培数的1/2，可在1h内充电至_____的程度。
    (A)80%~90%　　(B)60%~70%　　(C)50%~60%　　(D)40%~50%

21. 一般蓄电池与起动机之间连接导线上每100A的电流所产生的电压降不超过_____。
    (A)0.1~0.15V　　(B)0.2~0.3V　　(C)0.3~0.4V　　(D)0.4~0.5V

22. 高压导线是点火系中承担高压电输送任务的，其工作电压一般在15kV左右，而工作电流很小，故其截面积一般为_____。
    (A)1.5mm^2　　(B)2.5mm^2　　(C)3.5mm^2　　(D)4.0mm^2

23. 关于示波器的使用,下列说法错误的是_____。
    (A)测试点火高压线时,必须使用专用的电容探头,不能将示波器探头直接接入点火次级电路
    (B)汽车示波器在测试时,要注意测试线尽量远离风扇叶片、皮带等转动部件
    (C)使用汽车示波器时,注意远离热源
    (D)路试中,要将汽车示波器放在仪表台上方,不能拿在手中

24. 关于电路图的识读注意事项,下列说法错误的是_____。
    (A)读电源系统电路时应从电源开始,先找到蓄电池、发电机及电压调节器
    (B)查找起动电路必须先找到点火开关、起动继电器和电源开关的控制电路
    (C)照明电路中前照灯的远光与近光不能同时亮;仪表照明灯、尾灯、牌照灯等只有在夜间工作时才亮
    (D)仪表电路都由点火开关控制

25. 关于电路图识读要点,下列说法错误的是_____。
    (A)先看全图,善于化整为零
    (B)认真阅读图注
    (C)熟悉线路的配线和颜色标记
    (D)注意开关的作用,在标准画法的电路图中,开关总是处于接通状态

三、填空题

1. 电源系统包括_____、_____和_____。
2. 点火系统的任务是_____,点燃汽油发动机汽缸内的可燃混合气。类型主要有_____和_____,主要包括_____、_____、_____、_____。
3. 汽车电气系统的特点是_____、_____、_____和_____等。
4. 汽车电路中_____通常用于线束与线束或导线与导线之间的相互连接。
5. 汽车用万用表常用的类型有_____和_____。
6. 汽车继电器类型很多,常见的有三种_____、_____和_____。
7. 汽车电路的基本元件主要包括_____、_____、_____、_____、_____和_____等,它们是汽车电路的基本组成部分。
8. 汽车用电设备由_____、_____、_____、_____和_____等系统组成。
9. 配电装置包括_____、_____、_____、_____、_____等,使全车电路构成一个统一的整体。
10. 熔断器在电路中起_____作用。当电路中流过的电流_____时,熔断器的熔断丝自身发热而_____,_____电路,以防止烧坏电路连接导线和电器设备,把故障_____。
11. 插接器由_____和_____组成,用于_____或_____之间的相互连接。为了防止插接器在汽车行驶中脱开,所有插接器均采用_____。当要拆下时,应先压下_____,然后再将其_____。

12. 安装汽车线束时,通常将_____、_____连接好,然后往汽车上安装。根据导线的_____分别连接到相应的电器上,每个线头连接都必须牢固可靠,且接触良好。

13. 汽车电路图是维修汽车电气设备的重要辅助工具,根据其用途可分为_____和_____两种。

14. 高压导线是点火系统承担_____任务的导线,高压线有_____和_____之分,其工作电压一般在_____以上。

15. 为了使汽车全车繁多的导线_____、_____及保护导线的_____不被损坏,一般都将汽车电路中应用各低压导线用棉纱编织或用聚氯乙烯塑料带包扎成束,称为_____。

16. 汽车电系的连接导线有低压导线和_____两种。低压导线有_____、_____和_____之分。

17. 汽车_____用来确定各电器元件、连接器、接线盒、搭铁点、铰接点及诊断座等的分布位置。

18. 汽车_____是利用各种符号和线条构成的图形,其清楚地表示了电路中各组成元件、_____、_____、_____、_____、接线盒、连接器、电线、搭铁等。

19. 在用密度计测量电解液时,应进行_____校正,以_____为准,每升高或降低_____,密度减或加_____。

20. 对于功率很小的电器,仅以工作电流的大小_____,其截面积将_____,机械强度_____,因此,汽车电系中所用的导线截面积至少不得小于_____。

21. 发电机与蓄电池_____工作,发动机不工作时由_____供电,发动机起动后,由_____供电。

22. 发电机配有_____,其作用是在发电机转速变化时,自动保持发电机_____稳定。

23. 起动系统主要包括_____及其_____,用来起动发动机。

24. 点火系主要有_____和_____之分,主要包括_____、_____、_____等。

25. 照明系统包括_____及其_____,主要用来保证_____。

26. 信号系统包括_____、_____、_____及各种行车信号标识灯等,主要用来保证车辆运行时的人车安全。

27. 仪表及报警系统主要包括_____、_____、_____、_____及各种警告灯等。

28. 辅助电器系统包括_____、_____、_____、_____等。

29. 汽车电子控制系统包括_____、_____、_____、_____等。

30. 为便于区分汽车线路,车上导线绝缘层采用不同的_____,各国汽车厂商在电路图上多以_____来表示。

31. 为了实现汽车计算机与计算机之间的通信和数据共享,现在采用_____来传输数据。

32. 表头的灵敏度是指表头指针满刻度偏转时流过表头的_____值,这个值越小,表头的灵敏度_____。

33. 万用表测电压时的内阻越大,其性能就_____。

34. 两个以上蓄电池同时充电时,接线应采用_____方式。

四、简答题

1. 汽车用电设备由哪些部分组成?

2. 汽车万用表一般具有哪些专用功能?

3. 使用密度计测量蓄电池电解液密度时,需要注意的问题有哪些?

4. 简述汽车电气系统的组成与特点。

5. 如何安装汽车线束?

6. 简述汽车电路图的类型和作用。

7. 简述电路图识读要点。

8. 使用万用表的注意事项有哪些?

9. 蓄电池测试器的测试项目有哪些?

10. 充电机使用时的注意事项有哪些?

11. 简述电源系统组成及作用。

12. 简述用电设备主要组成部分。

13. 为什么汽车上采用直流电气系统?

14. 何谓单线制?有何优点?

15. 何谓负极搭铁?

16. 何谓线束？汽车上为何要采用线束？

17. 简述熔断器的作用。

18. 简述汽车电路原理图的特点。

19. 简述点火开关的作用及挡位情况。

20. 简述示波器的设置项目。

21. 简述继电器的作用及种类。

22. 简述示波器的功能。

23. 简述电路图中导线作标记的方法。

24. 简述万用表交直流电压的测量方法。

25. 简述万用表交直流电流的测量方法。

26. 简述万用表电阻的测量方法。

27. 简述万用表测量频率的方法。

28. 简述万用表测试二极管的方法。

29. 简述万用表测量温度的方法。

30. 简述万用表测量转速的方法。

31. 简述万用表测量触点闭合角的方法。

32. 简述蓄电池测试仪使用注意事项。

33. 哪些蓄电池不适合采用快速充电来充电？

34. 简述充电机使用时的注意事项。

35. 简述汽车电子控制系统的作用及组成。

36. 简述蓄电池的充电方法。

37. 简述数字式万用表的结构。

38. 简述万用表表头符号含义。

五、看图填空

1. 点火开关的位置

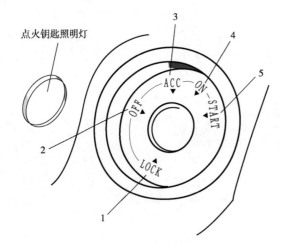

1. _____
2. _____
3. _____
4. _____
5. _____

2. 密度计的构造

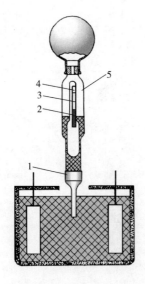

1. _____
2. _____
3. _____
4. _____
5. _____

3. 组合开关

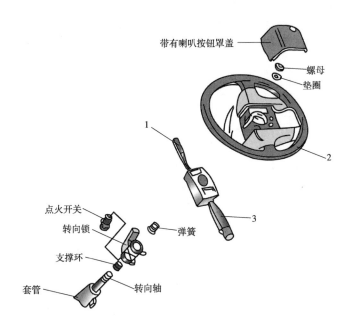

1. _____
2. _____
3. _____

4. 数字式万用表的结构

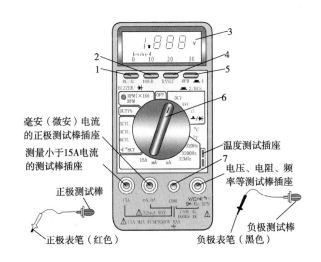

1. _____
2. _____
3. _____
4. _____
5. _____
6. _____
7. _____

5. 大众汽车电路图的标示方法

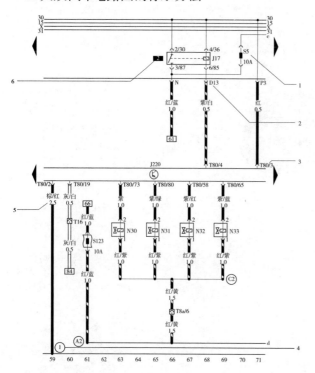

1. _____
2. _____
3. _____
4. _____
5. _____
6. _____

6. 丰田汽车电路图的标示方法

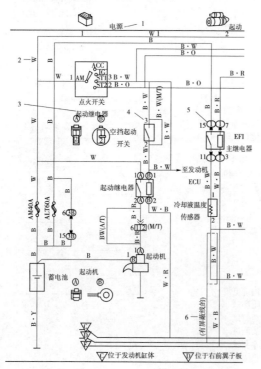

1. _____
2. _____
3. _____
4. _____
5. _____
6. _____

单元 2
电源系统

一、判断题

1. 汽车蓄电池是做储存电能用的。（　　）
2. 铅蓄电池为二次电池。（　　）
3. 蓄电池内部存电自然消耗的现象称为自放电。（　　）
4. 电解液的温度高时,其密度增加。（　　）
5. 温度过高会使蓄电池的寿命缩短。（　　）
6. 电解液的液面高度应高出极板 10~15mm。（　　）
7. 免维护蓄电池的使用寿命,一般都在 2 年。（　　）
8. 汽车蓄电池是低压交流电源。（　　）
9. 蓄电池电压的大小与其额定容量有关。（　　）
10. 蓄电池液面过低,可用矿泉水添加。（　　）
11. 极板的骨架称为格子板,其主要成分为锑。（　　）
12. 极板组中,负极板比正极板多一片。（　　）
13. 因为正极板处反应剧烈,通常单格电池内正极板比负极板多一片。（　　）
14. 栅架加锑能提高浇铸性能,但会加剧水分的分解和自放电。（　　）
15. 极板硫化后不得用快速脉冲充电法充电。（　　）
16. 蓄电池在汽车上与发电机及所有用电设备都是并联的。（　　）
17. 双浮球式充电指示器,蓝色浮球在密度达 1.0 时浮起。（　　）
18. 起动接通时间一般不得超过 15s,再次起动应间歇 5s 以上。（　　）
19. 蓄电池放电量越多时,蓄电池的开路电压越高。（　　）
20. 由于免维护蓄电池采用无锑合金栅架,所以,蓄电池的自放电大大减轻。（　　）
21. 所有铅蓄电池都可采用快速脉冲充电。（　　）
22. 5h 放电率与 20h 放电率相同。（　　）
23. 隔板带槽面要朝向正极板安装。（　　）
24. 在蓄电池不致结冰的前提下,冬季应采用偏低的电解液密度为好。（　　）
25. 12V 蓄电池各分电池是相通的。（　　）
26. 正负极板间必须放隔板。（　　）
27. MF 蓄电池即免维护蓄电池。（　　）
28. 要了解蓄电池密度的正确读数,可由充电指示器得知。（　　）
29. 蓄电池放电后正、负极板均变成过氧化铅(PbO)。（　　）

30. 蓄电池充电程度越高,电解液的结冰温度越低。 (   )
31. 蓄电池温度越高时,自放电量越低。 (   )
32. 以小电流长时间放电时,放电时间长,蓄电池电容量较大。 (   )
33. 气温高时,蓄电池能量不易输出。 (   )
34. 各分电池正负极板片数总和是偶数。 (   )
35. 蓄电池充满电时,电解液密度升高,放电后电解液密度降低。 (   )
36. 调配蓄电池电解液是将酸慢慢倒入蒸馏水中制成。 (   )
37. 发动发动机时所需的电能系由蓄电池供应。 (   )
38. 三个 12V 蓄电池并联以后总电压还是 12V。 (   )
39. 拆装蓄电池时应注意搭铁线先拆后装。 (   )
40. 装有 AC 发电机的汽车,在正极配线没有拆下时,可做快速充电。 (   )
41. 蓄电池电解液的密度会随着放电作用而降低。 (   )
42. 两个 12V 蓄电池串联后电压为 12V。 (   )
43. 蓄电池充满电时,每个分电池的开路电压约为 12V。 (   )
44. 蓄电池中的电解液液面太低时,应添加稀硫酸。 (   )
45. 50Ah 的蓄电池一般充电电流为 10A 左右。 (   )
46. 正常情况下,电解液密度越高表示蓄电池越有电。 (   )
47. 磁力线切割线圈能在线圈中产生感应电压。 (   )
48. 三组定子线圈的连接方法常采用△形。 (   )
49. 转子的构造中,磁场线圈是装在磁极的外面。 (   )
50. 调整器有温度补偿装置时,当温度升高后,调整电压也升高。 (   )
51. 使用 IC 调整器,可提高交流发电机的输出功率。 (   )
52. 线圈运动切割磁力线,在线圈中会产生感应电压。 (   )
53. 三个正极二极管及三个负极二极管装在一块金属板上。 (   )
54. 蓄电池正负极接错时,二极管会烧坏。 (   )
55. IC 调整器内无白金触点。 (   )
56. 所谓 IC,即二极管的简称。 (   )
57. 汽车蓄电池是一种储能装置,是低压直流电源。 (   )
58. 蓄电池是直接储存电能,当蓄电池连接外部电路时直接提供电能。 (   )
59. 现代汽车一般均使用 24V 的蓄电池。 (   )
60. 汽车在正常行驶时,汽车的全部电器用电均由发电机供给。 (   )
61. 随着蓄电池充电程度的增加而逐渐减少充电电流。 (   )
62. 起动发动机时,由发电机供给起动机摇转发动机所需的大量电流。 (   )
63. 发电机发出的电压低于蓄电池电压时或发电机不工作时,由蓄电池供给全车电器所需的电流。 (   )
64. 当汽车上电器的用电量超过发电机的输出量时,蓄电池可帮助发电机提供电器所需的电。 (   )
65. 发电机平衡汽车电系的电压,不使电压过高或过低。 (   )

66. 蓄电池壳体内部由六个互不相通的单体组成。(   )
67. 极板的骨架称为栅架,其主要成分为锑(Sb),加入5%~12%的铅(Pb)制成。
(   )
68. 充满电的蓄电池放置一段时间后,内部存电自然消耗的现象,称为自放电。(   )
69. 负极板上的活性物质海绵状铅会与电解液产生化学作用而慢慢变成硫酸铅。
(   )
70. 蓄电池的极板上附着的金属杂质会与极板构成一局部电池而产生自放电现象。
(   )
71. 蓄电池温度越低时,自放电量越多。(   )
72. 蓄电池表面有电解液附着会造成漏电。(   )
73. 脱落的活性物质堆满沉淀室后,会因短路而放电。(   )
74. 电压大小和供应电量可作为比较蓄电池大小的依据。(   )
75. 使用密度计测量蓄电池密度时,不要抽出密度计,以免电解液溅出腐蚀机件或衣物。
(   )
76. 电解液的密度与温度有关,温度越高,密度越大。(   )
77. 我国北方地区使用的蓄电池,通常使用充满电后密度为 $1.260g/cm^3$ 或更高的电解液。一般使用充满电后密度为 $1.280g/cm^3$ 的电解液。(   )
78. 测量电解液密度时应测量温度,并做温度校正,以得到正确的密度读数。(   )
79. 测定蓄电池电解液的密度可了解蓄电池充电或放电的程度。(   )
80. 蓄电池放电量越多,电解液的密度越高。(   )
81. 断路电压即蓄电池电流不输出时的电压。(   )
82. 蓄电池充电量越高,电解液密度越高,蓄电池断路电压也越高。(   )
83. 一般蓄电池中电解液的密度是以 20℃ 时为标准,比标准温度每上升 1℃,密度增高 $0.0007g/cm^3$。(   )
84. 将红铅粉(Pb_3O_4)以稀硫酸调成糊状,加入硫酸铵作为胶合剂,涂在栅架上,干燥后即变成硫酸铅,该硫酸铅作为蓄电池的正极板。(   )
85. 将黄铅粉(PbO)以稀硫酸调成糊状,加入硫酸钡或硫酸镁为膨胀剂,涂在栅架上,干燥后成为硫酸铅,该硫酸铅作为蓄电池的负极板。(   )
86. 经处理过的极板均为多孔状,使电解液能自由通过。(   )
87. 隔板平滑一面必须面向正极板;有槽沟一面必须面向负极板。(   )
88. 蓄电池的正负极板间用隔板隔开,即形成极板组。(   )
89. 蓄电池的每一分电池中放置一组极板组。(   )
90. 极板组中正极板比负极板多一片,即正极板的两面都要有负极板。(   )
91. 极板组中的极板总数均为双数。(   )
92. 蓄电池中的电解液,俗称电水,是以蒸馏水或精制水与硫酸配合而成的稀硫酸,一般密度为 $1.26~1.28g/cm^3$。(   )
93. 电解液必须保持高出极板 10~12mm,高度不足时,添加电解液至外壳标示的最高线。(   )

94. 配制电解液必须穿着防护器具,并将水慢慢倒入硫酸中,且均匀搅拌。（　）
95. 加水通气孔盖在充电时,可以使产生的氢及氧能逸出,以防聚积过多气体而发生爆炸。（　）
96. 加水通气孔盖可供添加蒸馏水或供检验电解液用。（　）
97. 如今的汽车用蓄电池常用整体式的盖板将六个分电池一起罩住。（　）
98. 如今的汽车用蓄电池均为免维护(Maintenance Free,MF)蓄电池,其盖板上无加水通气盖。（　）
99. 免维护蓄电池在盖板上均设有密度与液面观察窗,俗称电眼,以显示蓄电池的充电情况及电解液面是否过低。（　）
100. 观察窗能显示任何状态下的电解液密度。（　）
101. 蓄电池极桩的上方或旁边刻有"＋""－"标记,有的在正极桩上涂有红色油漆。（　）
102. 新型蓄电池联条的串联方式多采用外露式。（　）
103. 蓄电池放电后若经长时间不充电,则极板的活性物质会因硫化而失去活性,无法再充电使用。（　）
104. 免维护蓄电池电解液液面的降低极慢。（　）
105. MF 蓄电池外壳底部的肋条高度增加。（　）
106. MF 蓄电池自放电率降低。（　）
107. MF 蓄电池采用钙铅合金栅架,其导电性良好,与传统相同大小的蓄电池相比,其冷车起动能力约高 20%。（　）
108. 蓄电池充电指示器显示为黑色,表示电解液液面过低,蓄电池不能继续使用。（　）
109. 蓄电池充电指示器显示为透明色,表示电解液密度偏低。（　）
110. 蓄电池充电指示器显示绿色,表示蓄电池的技术状况良好。（　）
111. MF 蓄电池排出气体很少,桩头、固定架等的腐蚀情形大为降低。（　）
112. 汽车上的蓄电池,在发动机运转时随时都在充电。只要充电系统正常,蓄电池不需要拆下充电。（　）
113. 满电时,蓄电池的负极板成为海绵状铅(Pb),正极板成为过氧化铅(PbO_2)。（　）
114. 放电时,正负极板都变成相同结构的硫酸铅,而电解液中的硫酸成分增加,水的成分减少。（　）
115. 使用高频放电计测量蓄电池端电压时,若负载电流为110A,则最小电压不得低于10.6V。（　）
116. 蓄电池的剧烈振动将影响其使用寿命。（　）
117. 蓄电池电解液具有强腐蚀性,避免接触皮肤或溅落到眼睛内。（　）
118. 蓄电池附近可以有明火。（　）
119. 免维护蓄电池通过电眼检查电解液液面高度和工作状态。（　）
120. 在检查蓄电池时,应将灯光、空调、音响等开关也关闭。（　）

121. 蓄电池接线桩头及接头上如果有白色或绿白色的腐锈物,可使用钢丝刷或砂纸刷除腐锈物,必要时拆下接头清洁后再装回,以黄油涂抹在桩头及接头上。（   ）
122. 蓄电池固定架及固定座锈蚀时,可以用钢丝刷及小苏打水刷洗,再以清水冲净,最后用耐酸漆喷涂或涂以黄油。保证蓄电池良好稳定的固定。（   ）
123. 电解液液面的高度必须保持在上下限之间,一般蓄电池电解液高度不足时,应添加电解液。（   ）
124. 免维护蓄电池电解液面不足时,蓄电池应换新。（   ）
125. 检查电解液密度时,将密度计放入分电池中,吸取定量的电解液,使密度计内浮子浮至适当位置,读取密度。（   ）
126. 测量电解液密度时,应同时放入温度计测量电解液温度。（   ）
127. 在测量蓄电池电解液密度时,各分电池中的电解液密度相互间的偏差不超过 $0.02g/cm^3$。（   ）
128. 在测量蓄电池电解液密度时,若发现一个或两个相邻分电池中的电解液密度明显地下降,说明蓄电池有短路故障,应对其进行修复或更换。（   ）
129. 拆卸蓄电池时,先拆下蓄电池的正极接线,再拆下负极接线。（   ）
130. 安装蓄电池时,先将蓄电池负极接线接上,然后连接正极。（   ）
131. 导体在磁场内运动切割磁力线,在导体中会产生感应电压。（   ）
132. 发动机起动后,必须由充电装置来提供点火系及其他电器的用电,并补充蓄电池在起动发动机时所消耗的电能。（   ）
133. 充电系统是将发动机一部分机械能转变为电能的装置。（   ）
134. 定子铁芯槽数为转子磁极数的6倍。（   ）
135. 定子共有三组线圈,每组由与转子磁极数相等数量的线圈串联而成。（   ）
136. 整流器的三个正极整流二极管装在一块金属板上成为正极整流板,三个负极整流二极管装在另一块金属板上成为负极整流板。（   ）
137. 整流二极管为大功率的二极管,正极整流粒用红色,负极整流粒用黑色字注明规格。（   ）
138. 整流二极管温度超过250℃时,会失去整流作用。（   ）
139. 皮带轮装在转子轴的前端,由发动机皮带驱动。（   ）
140. 发电机风扇装在转子轴的前端或发电机的内部,以冷却转子线圈及整流粒等。（   ）
141. 蓄电池的正负极接错,会使大量电流流入发电机,使整流管烧坏。（   ）
142. 可以通过串联两个蓄电池的方法来起动发动机。（   ）
143. 使用快速充电机在车上充电时,应拆开蓄电池搭铁线。（   ）
144. 发电机允许无负荷下高速运转。（   ）
145. 装在发动机上运转时间未超过5h的皮带,称为"新皮带";运转时间超过5h的皮带,称为"旧皮带"。（   ）
146. 新皮带安装调整后,让发动机运转5min以后,必须重新检查皮带的变形量或张力。（   ）

147. 发电机皮带紧度调整完成后,需检查发电机运转是否正常及充电指示灯是否熄灭。（　　）
148. 交流发电机采用的是全波整流。（　　）
149. 发电机的正极整流板和负极整流板均与壳体绝缘。（　　）
150. 发电机是由电磁感应产生感应电压。（　　）
151. 集成电路调节器可装于发电机内部,构成整体式硅整流发电机。（　　）
152. 负极管的外壳是管子的负极,它与硅整流发电机的"电枢(＋)"接线柱直接连接。（　　）
153. 安装发电机的调整臂有调整传动皮带松紧程度的作用。（　　）
154. 硅整流发电机利用二极管整流。（　　）
155. 硅整流发电机中性点输出的是交流电。（　　）
156. 目前,国产的硅整流发电机均为负极搭铁。（　　）
157. 如果晶体管调节器的大功率管断路,在发电机转速较高时其电压将超过规定值。（　　）
158. 硅整流发电机都有电刷、滑环。（　　）
159. 无刷交流发电机不必整流。（　　）
160. 壳体与发电机电枢相通的二极管是正极管。（　　）
161. 带中性点二极管的硅整流发电机低速时,可以提高10%～15%的输出功率。（　　）
162. 只要性能良好,同一只硅整流二极管用任何型号万用表测得的正反向阻值均应一致。（　　）
163. 如今的轿车通常采用整体式交流发电机。（　　）

二、选择题

1. 12V 蓄电池有_____分电池。
　　(A)2个　　　(B)3个　　　(C)4个　　　(D)6个
2. 汽车蓄电池的作用有_____。
　　(A)作为电源
　　(B)稳压
　　(C)在汽车充电系统发生故障时提供车辆所必需的电能
　　(D)以上说法均正确
3. 下列材料不可以作为蓄电池隔板使用的是_____。
　　(A)木材　　(B)微孔硬橡皮　　(C)玻璃纤维板　　(D)铜
4. 不同容量的蓄电池串联充电,甲说充电电流应以小容量的蓄电池为基准进行选择,乙说充电电流应以大容量的蓄电池为基准进行选择,_____。
　　(A)甲正确　　(B)乙正确　　(C)两人均正确　　(D)两人均不正确
5. 蓄电池充电后,负极板变成_____。
　　(A)硫酸铅　　(B)铅　　(C)过氧化铅　　(D)硫酸钡

6. 球式的充电指示器,当视窗黑色区可看到绿圆圈时,表示_____。
   (A)电解液面及充电正常　　　　(B)电解液面太高
   (C)充电不足　　　　　　　　　(D)电解液面太低

7. 对极板组的叙述,错误的是_____。
   (A)隔板平滑面向负极板　　　　(B)隔板槽沟面向正极板
   (C)正极板比负极板多一片　　　(D)正极板作用时易弯曲

8. 对极板组的叙述,正确的是_____。
   (A)隔板平滑面向正极板　　　　(B)隔板槽沟面向正极板
   (C)正极板比负极板多一片　　　(D)正极板作用时不易弯曲

9. 单浮球式的充电指示器,当视窗黑色区可看到绿圆圈时,表示_____。
   (A)电解液面及充电正常　　　　(B)电解液面太高
   (C)充电不足　　　　　　　　　(D)电解液面太低

10. 对蓄电池桩头的叙述,正确的是_____。
    (A)正极桩头刻记号　　　　　　(B)负极桩头刻记号
    (C)负极桩头涂红色　　　　　　(D)正极桩头比负极桩头大

11. 蓄电池充电后,正极板变成_____。
    (A)硫酸铅　　　(B)铅　　　(C)过氧化铅　　　(D)硫酸钡

12. 电解液温度40℃时,测得的密度为1.220g/cm³,则在20℃时的密度是_____g/cm³。
    (A)1.23　　　(B)1.252　　　(C)1.142　　　(D)1.234

13. 蓄电池在充电系统损坏后,能继续供应车辆用电的时间称为_____。
    (A)安培小时电容量　　　　　　(B)冷起动电容量
    (C)储存电容量　　　　　　　　(D)瓦特电容量

14. MF 蓄电池使用_____。
    (A)钙铅合金　　　　　　　　　(B)铅锑合金
    (C)铝锑合金　　　　　　　　　(D)铜铅合金

15. 一般蓄电池容量的表示方法是_____。
    (A)A　　　(B)kA　　　(C)A·h　　　(D)kV

16. 蓄电池电水自然减少时,应添加_____。
    (A)密度为1.260g/cm³ 的稀硫酸　(B)密度为1.280g/cm³ 的电解液
    (C)盐酸水　　　　　　　　　　(D)蒸馏水

17. 传统蓄电池的隔板主要成分为铅,再加入5%～12%的_____而成。
    (A)镁　　　(B)锑　　　(C)铝　　　(D)银

18. MF 蓄电池的充电指示器,可显示_____。
    (A)电解液面是否过低　　　　　(B)电解液面是否过高
    (C)蓄电池充电太满　　　　　　(D)蓄电池充电电流

19. 双浮球式充电指示器,当视窗内圆显示红色,外圆显示蓝色时,表示_____。
    (A)电解液面及充电正常　　　　(B)电解液面太高
    (C)充电不足　　　　　　　　　(D)电解液面太低

20. 电解液必须高出极板_____。
    (A) 2～3mm (B) 4～6mm (C) 10～12mm (D) 15～20mm

21. 下列选项不是 MF 蓄电池特点的是_____。
    (A) 液面的降低极慢   (B) 电解液容量可较小
    (C) 蓄电池压框等腐蚀情形较少 (D) 自放电率低

22. 汽车蓄电池极板的主要材料是_____。
    (A) 碳 (B) 铝 (C) 锑 (D) 铅

23. 铅蓄电池额定容量与_____有关。
    (A) 单格数   (B) 电解液数量
    (C) 单格内极板片数 (D) 液面高度

24. 铅蓄电池单格静止电动势取决于电池_____。
    (A) 极板面积   (B) 单格电池极板片数
    (C) 电解液相对密度 (D) 液面高度

25. 测量蓄电池存电量较为准确的仪器是_____。
    (A) 密度计 (B) 高率放电计 (C) 数字式万用表 (D) 示波器

26. 下列说法错误的是_____。
    (A) 起动时由蓄电池供电   (B) 起动后由发电机供电
    (C) 起动后发电机给蓄电池充电 (D) 发电机与蓄电池串联

27. 下列不属于充电系统配件的是_____。
    (A) 发电机 (B) 调节器 (C) 充电指示灯 (D) 电压表

28. 定子铁芯槽数为转子磁极数的_____倍。
    (A) 1 (B) 2 (C) 3 (D) 4

29. 整流二极管温度超过_____,就会失去整流作用。
    (A) 130℃ (B) 140℃ (C) 150℃ (D) 160℃

30. 下列说法错误的是_____。
    (A) 蓄电池的正负极不可接错
    (B) 不可串联两个蓄电池来起动发动机
    (C) 不可让发电机在无负荷下高速运转
    (D) 可以使用快速充电机在车上对蓄电进行充电

31. 使用游标卡尺测量滑环外径。滑环标准外径为_____。
    (A) 30.3～30.5mm (B) 31.3～31.5mm
    (C) 32.3～32.5mm (D) 33.3～33.5mm

32. 使用欧姆表检查非 IC 调节器的磁场线圈电阻为_____。
    (A) 1.9～2.1Ω (B) 2.9～3.1Ω
    (C) 3.9～4.1Ω (D) 4.9～5.1Ω

33. 使用欧姆表检查 IC 调节器的磁场线圈电阻为_____。
    (A) 0.8～1.0Ω (B) 1.8～2.0Ω
    (C) 2.8～3.0Ω (D) 3.8～4.0Ω

34. 检查电刷凸出长度的标准值为_____。
    (A)7.5mm   (B)8.5mm   (C)9.5mm   (D)10.5mm

35. 使用弹簧秤测量电刷弹簧弹力的最低值为_____。
    (A)2.1N   (B)3.1N   (C)4.1N   (D)5.1N

36. 关于蓄电池的检查与更换,说法错误的是_____。
    (A)蓄电池电缆拆卸时应先拆下蓄电池的正极接线
    (B)蓄电池附近禁止明火
    (C)应避免蓄电池电解液接触皮肤或溅落到眼睛内
    (D)可通过电眼检查电解液液面高度和工作状态

37. 蓄电池电压的大小与_____有关。
    (A)其串联的分电池数   (B)极板数量
    (C)电解液的量   (D)电解液的温度

38. 下列选项不是产生自放电原因的是_____。
    (A)负极板上的活性物质海绵状铅与电解液产生化学作用
    (B)蓄电池的极板上附着金属杂质与极板构成一局部电池
    (C)蓄电池温度过高
    (D)脱落的活性物质堆满沉淀室后形成短路

39. 对汽车蓄电池的作用说法错误的是_____。
    (A)给起动机供电   (B)发动机起动后给全车供电
    (C)帮助发电机供电   (D)平衡汽车电系的电压

40. 汽车用蓄电池常用整体式的盖板将_____个分电池一起罩住。
    (A)3   (B)6   (C)9   (D)12

41. 关于蓄电池加水通气盖作用的说法,错误的是_____。
    (A)添加蒸馏水   (B)检验电解液用
    (C)防止充电时发生爆炸   (D)观察电解液密度

42. 交流发电机磁场线圈是装在_____上。
    (A)定子   (B)转子   (C)整流器   (D)前盖板

43. 磁场线圈的电流量是由_____控制。
    (A)整流器   (B)调整器   (C)蓄电池   (D)发电机

44. 三相交流的三组定子线圈,使用_____个二极管即可做全波整流。
    (A)3   (B)4   (C)6   (D)8

45. 有中性点二极管的交流发电机,比无中性点二极管者,在5000r/min以上转速时,其输出约高_____。
    (A)1%~3%   (B)4%~6%   (C)7%~9%   (D)10%~15%

46. 下述不是IC调整器优点的是_____。
    (A)无触点   (B)小型轻量化 (C)耐久性佳   (D)磁场电流少

47. 电压调节器触点控制的电流是发电机的_____。
    (A)励磁电流   (B)电枢电流   (C)充电电流   (D)定子电流

三、填空题

1. 铅蓄电池一般由_____个或_____个单格电池_____而成,每单格的额定电压为_____V。
2. 在蓄电池的拆装过程中,应先拆下_____电缆,再拆下_____电缆;安装时,应先装_____电缆,后安装_____电缆。
3. 极板组一般由_____、_____、_____和_____等部分组成。
4. 充满电的蓄电池放置一段时间后,内部的存电自然消耗的现象,称为_____。
5. 将_____以稀硫酸调成糊状,加入硫酸铵作为胶合剂,涂在栅架上,干燥后即变成硫酸铅,该硫酸铅作为蓄电池的正极板。
6. 将_____以稀硫酸调成糊状,加入硫酸钡或硫酸镁为膨胀剂,涂在栅架上,干燥后也成为硫酸铅,该硫酸铅作为蓄电池的负极板。
7. 蓄电池中的电解液,俗称电水,是以_____与硫酸配合而成的稀硫酸,一般密度为_____。电解液必须保持高出极板_____,高度不足时,添加_____至外壳标示的最高线。
8. 蓄电池通气孔的作用是_____和_____。
9. 免维护蓄电池在盖板上均设有_____与_____,用于显示蓄电池的充电情况及电解液液面是否过低。当蓄电池液面及充电正常时,从视窗中可看到的是_____;当蓄电池液面正常,但充电不足时,从视窗中看到的是_____;当蓄电池液面过低时,视窗中看到的是_____。
10. 普通电池联条的串联方式一般是_____,而新型蓄电池联条的串联方式是_____。
11. "6-QAW-100"表示由_____分电池组成,额定电压_____,额定容量为_____的_____蓄电池。
12. 蓄电池的额定容量与每片极板的面积和每单格电池极板的片数成_____,与单格电池数_____。
13. 在使用起动机时,每次接入起动机的时间不得超过_____,两次起动应间隔_____以上。
14. 用高率放电计测量蓄电池,实际上是使蓄电池在_____情况下,测量它的_____。
15. 蓄电池的充电方法有_____、_____及_____。
16. 过充电时,正极板表面会逸出_____,负极板会逸出_____,使电解液呈_____状态。
17. 铅蓄电池每个单格内负极板总比正极板多_____片,以减轻正极板的_____和_____。
18. 铅蓄电池主要由_____、_____、_____、_____、_____、_____等部件组成。
19. 铅蓄电池按结构特点可分为_____型、_____型、_____型、

_____型和_____型电池。

20. 当内装式密度计指示器显示绿色时,表明蓄电池处于_____状态;显示淡黄色,表明蓄电池_____;显示黑色,表明蓄电池_____。

21. 充电时,发现电池温度升高过快且超过40℃,应及时将充电电流_____。

22. 冬季时,应特别注意保持铅蓄电池存足电状态,以免电解液_____,致使蓄电池容器破裂。

23. 铅蓄电池电解液相对密度每下降0.01,蓄电池容量约下降_____。

24. LF表示_____铅蓄电池,MF表示_____铅蓄电池。

25. 隔板带槽面应朝向_____极板,并且将沟槽朝_____方向安装。

26. 产生极板短路的原因有_____,_____,_____。

27. 普通铅蓄电池内部故障常见有_____,_____,_____,_____。

28. 当蓄电池出现硫化现象时,电池容量_____,用高率放电计检查时,电压_____;充电时电压_____,但电解液相对密度却_____,电解液温度_____过早出现_____现象。

29. 铅蓄电池在放电时,活性物质微粒逐渐_____、孔隙逐渐_____、电解液相对密度逐渐_____、蓄电池电动势逐渐_____、内阻逐渐_____。

30. 铅蓄电池的充放电过程是_____的。电池充满电时,正极板的活性物质为_____,负极板的活性物质为_____;放电时,正、负极板的活性物质都逐渐变为_____,消耗电解液中的_____而产生_____。

31. _____就是将发动机一部分机械能转变为电能的装置。发电机通常的传动方式是_____传动。

32. 交流发电机整流器的三个正极整流二极管装在一块金属板上成为_____,三个负极整流二极管装在另一块金属板上成为_____。

33. 交流发电机定子是由_____及薄铁片叠成的_____组成;转子由_____、_____及_____等所组成。

34. 充电系统主要由_____、_____、_____、_____等组成。

35. 硅整流发电机主要由_____、_____、_____、_____、_____等部分组成。

36. 硅整流发电机的整流器一般是由_____只二极管组成的_____整流电路。

37. 硅整流发电机整流二极管的中心引线为二极管正极的,称_____;中心引线为二极管负极的,称_____。为便于区分,正极管管壳的顶部涂有_____色标记,负极管则涂有_____色标记。负极管压装在_____上,正极管压装在_____上。

38. 硅整流发电机整流器的作用就是利用二极管的_____,通过_____流电路,将电枢绕组产生的三相交流电转换成_____。

39. 检测三相定子绕组的通路断路时,万用表的一表笔接三相绕组的中性点,另一表笔分别接绕组的_____,电阻值应为_____,如果有一相电阻值为无穷大,则该相_____。

40. 测量三相绕组与铁芯的绝缘情况时,将万用表的一表笔接定子铁芯,另一表笔接绕组的_____,如指示为无穷大,说明绕组绝缘_____。如指示为零或电阻很小,说明至少有一相绕组_____。

41. 在进行正极管的测量时,将万用表拨到 R×1 挡。红表笔接元件板,黑表笔分别接管子的引线,测得的电阻值应为_____Ω;万用表拨到 R×10k 挡,黑表笔接元件板,红表笔分别接 3 只管子的引线,测得的阻值应为_____Ω 以上。若某整流管两次测得的阻值都为零,表明该整流管_____损坏。若两次测得的电阻值均为无穷大,表明该整流管_____损坏。

42. 如果蓄电池在汽车上极性接反,蓄电池将通过_____大电流放电,很短时间就会把_____烧坏。

43. 汽车蓄电池是一种_____装置,是_____电源。它并不是直接储存_____,而是将_____转变成_____储存起来。

44. 蓄电池由_____、_____、_____、_____与桩头等组成。

45. 联条的作用是将_____,提高每格电池的_____。普通电池联条的串联方式一般是_____,而新型蓄电池联条的串联方式是_____。

46. 电解液温度越高,自放电量_____;电解液密度越高,自放电量_____。

47. 充电系统就是将发动机一部分_____转变为_____的装置。发电机通常是由曲轴皮带盘以_____传动。

48. 交流发电机由_____、_____、_____、_____、_____与风扇等所组成。

49. 发电机定子是由_____及_____组成;转子由_____、_____、_____及轴等所组成。

50. 磁场线圈以细的漆包线绕成,线的两端各接在一个_____上,与轴及磁极有_____。

51. 整流器中将三个正极整流二极管装在一块金属板上成为_____,三个负极整流二极管装在另一块金属板上成为_____。

52. 发电机后盖板上安装有_____、_____、_____及轴承等。

四、简答题

1. 简述汽车蓄电池的功用。

2. 何谓极化处理?

3. 蓄电池上的加水通气盖有何功用?

4. 为什么测量电解液温度时必须做温度校正?

5. 哪些原因会造成自放电现象？

6. 过度充电对蓄电池有何影响？

7. 极板组如何组成？

8. 充电指示器有何功用？

9. 简述蓄电池的工作原理。

10. 如何测试安培小时电容量？

11. 电解液液面过低与过高对蓄电池分别有何影响？

12. 何谓 MF 蓄电池？

13. 为何 MF 蓄电池的电解液液面降低极慢？

14. 如何对铅蓄电池进行补充充电？

15. 蓄电池由哪些部件组成？

16. 哪些蓄电池不得进行快速脉冲充电？

17. 免维护蓄电池有哪些优点？

18. 检验蓄电池放电程度的方法有哪些？

19. 蓄电池充足电的标志是什么？

20. 配制电解液应注意哪些事项？

21. 简述蓄电池的检查与维护项目。

22. 试述交流发电机的功能。

23. 定子线圈 Y 形连接法有何优点？

24. 交流发电机采用电磁方式有何优点？

25. 装用中性点二极管的交流发电机有何优点？

26. 调整器的温度补偿装置有何作用？

27. 试述 IC 调整器的优点。

28. 试述发电机的工作原理。

29. 交流发电机是由哪些机件组成？

30. 写出转子线圈电流的流动情形。

31. 装用磁场励磁二极管的交流发电机有何优点？

32. 试述调节器的功能。

33. 试述 IC 调整器与触点振动式调整器的异同点。

34. 交流发电机使用注意事项有哪些？

35. 简述发电机的检查与维护项目。

36. 简述发电机解体步骤。

37. 简述发电机解体后的检查内容。

38. 如何用万用表判断定子绕组是否搭铁？

39. 如何用万用表判断正极管和负极管的好坏？

40. 简述蓄电池观察窗的作用。

41. 简述蓄电池的放电过程。

42. 简述蓄电池充电过程。

43. 简述充放电后电解液密度的变化情况。

44. 自放电的大小与哪些因素有关？

45. 如何定义蓄电池的容量？

46. 简述国内蓄电池型号的表示方法及含义。

47. 何谓免维护蓄电池？

48. 蓄电池的检查与更换技术要求、标准有哪些？

49. 简述蓄电池电缆的拆装顺序。

50. 蓄电池检查与更换作业准备工作有哪些？

51. 蓄电池充电作业准备工作有哪些？

52. 简述蓄电池一般充电操作步骤。

53. 简述蓄电池快速充电的操作步骤。

54. 如何检查蓄电池起动性能？

55. 如何检查电解液密度？

56. 如何检查电解液液面高度？

57. 如何检查蓄电池接线柱？

58. 如何检查蓄电池固定情况？

59. 简述交流发电机的功能。

60. 简述电磁感应现象。

61. 发电机为何装有电压调节器？

62. 组装发电机时的注意事项有哪些？

63. 如何检查电压调节器？

64. 如何检查发电机轴承？

65. 如何检查电刷及电刷弹簧？

66. 如何检查定子？

67. 如何检查转子？

68. 如何调整发电机皮带紧度？

69. 简述充电系统检查内容。

70. 如何检查充电指示灯状况？

71. 如何检查发电机输出电压？

72. 简述交流发电机的检查与更换技术标准、要求。

73. 简述发电机定子结构。

74. 交流发电机为何安装整流器？方式有哪些？

75. 简述半波整流的定义。

76. 简述全波整流的定义。

五、看图填空

1. 蓄电池的结构

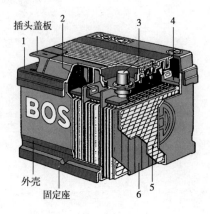

1. _____
2. _____
3. _____
4. _____
5. _____
6. _____

2. 充电系统的组成

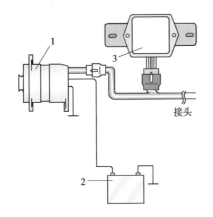

1. _____
2. _____
3. _____

3. 交流发电机的构造

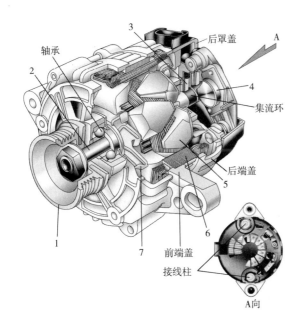

1. _____
2. _____
3. _____
4. _____
5. _____
6. _____
7. _____

4. 爪形转子的构造

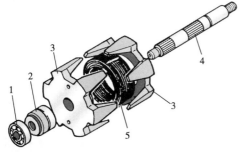

1. _____
2. _____
3. _____
4. _____
5. _____

5. 发电机的分解图

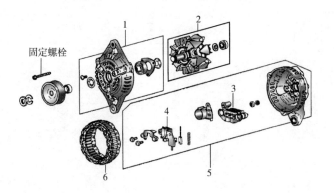

1.
2.
3.
4.
5.
6.

单元 3
起 动 系 统

一、判断题

1. 发动机发动后,起动机小齿轮应立刻与飞轮分离。( )
2. 目前,使用最多的电枢线圈与磁场线圈的接线方式为串联式,其特点是起动机低速转矩小,高速转矩大。( )
3. 减速型起动机的电枢线圈导线数比传统式起动机多。( )
4. 电磁开关是利用拨叉,以拨动驱动小齿轮,使其与飞轮啮合。( )
5. 电磁开关内有两组线圈,较粗的是吸住线圈,较细的是吸入线圈。( )
6. 发动机发动后,起动开关回到"ON"位置时,吸住与吸入线圈的电流方向相反。( )
7. 减速型起动机适用高压缩比的柴油发动机。( )
8. 起动机的单向离合器,在发动机发动而起动开关未放松前,驱动小齿轮会自动和飞轮分离。( )
9. 起动安全开关只用于自动挡汽车。( )
10. 利用整流子可使导线中电流方向做改变。( )
11. 起动机整流子铜片与铜片间有云母片,云母片比铜片高。( )
12. 如今汽柴油发动机已逐渐采用减速型起动机。( )
13. 点火开关可控制通往起动机大电流的通断。( )
14. 点火开关转到"ST"位置时,大电流先送入起动机,驱动小齿轮再与飞轮啮合。( )
15. 汽油发动机起动机的驱动机构常采用滚柱式单向离合器式。( )
16. 减速型起动机的外观及构造,与一般起动机相同。( )
17. 四个磁极的起动机,相邻的磁极是同极性的。( )
18. 起动安全开关是一种常闭开关,以防止变速器不在空挡或发动机运转时,起动系统突然产生作用而发生危险或损坏齿轮的安全装置。( )
19. 自动挡汽车变速杆在驻车挡 P 或空挡 N 时发动机才能发动。( )
20. 发动机发动后,起动机小齿轮不应立刻与飞轮分离。( )
21. 目前使用最多的电枢线圈与磁场线圈的接线方式是并联式,其特点是起动机低速转矩大,高速转矩小。( )
22. 减速型起动机的电枢线圈导线数比传统式起动机少。( )
23. 单向离合器是利用拨叉,以拨动驱动小齿轮,使其与飞轮啮合。( )

24. 减速型起动机适用低压缩比的柴油发动机。（   ）
25. 起动预热装置广泛应用于汽油发动机汽车上。（   ）
26. 起动预热装置中的电热塞采用并联连接的好处是，其中有一个电热塞失效（断路）时，其他电热塞不受影响。（   ）
27. 起动机一定有励磁绕组且与电枢绕组呈完全串联。（   ）
28. 电磁操纵式起动机单向离合器与电枢轴普遍用螺旋花键联接。（   ）
29. 普通起动机电枢绕组各线圈的两端分别焊在相隔大约180°的两个换向片上。（   ）
30. 发动机的起动转数与起动机的转数相等。（   ）
31. 电池极性接反，会使永磁电动机式起动机反转，发电机二极管烧毁。（   ）
32. 永磁式电动机比电磁式电动机体积小、质量轻。（   ）
33. 起动继电器的作用是用来保护起动机电磁开关。（   ）
34. 起动机需使用很大的电流，一般为50～300A。（   ）
35. 点火开关在锁止（LOCK）位置时才能拔出，也在此位置锁住转向盘轴，以防汽车被无钥匙移动或开走。（   ）
36. 如今的自动排挡汽车，变速杆挂入N挡，钥匙才能拔出。（   ）
37. 蓄电池供应起动机所需的大电流。（   ）
38. 点火开关在关闭（OFF）位置时，全车电路不通，但转向盘可以转动。（   ）
39. 点火开关在附件（ACC）位置时，汽车附属电器的电路接通，同时点火系统接通。（   ）
40. 点火开关在运转（ON）位置时，点火系统及汽车各电器均接通。（   ）
41. 点火开关在起动（START）位置时，起动系统均接通，但点火系统不接通。（   ）
42. 使用自动变速器的汽车都安装起动安全开关，只有变速杆在空挡N或驻车挡P位置时，起动线路才能接通。（   ）
43. 使用手动变速器的汽车，都不安装起动开关。（   ）
44. 装有离合器起动开关的车辆，当离合器踏板放开时，起动线路切断；踩下离合器踏板时，起动线路接通。（   ）
45. 电磁开关用于控制起动机驱动齿轮与飞轮的接合分离，及接通起动机电路。（   ）
46. 起动机包括起动电机本体与传动机构两部分。（   ）
47. 为保护全车电路，在蓄电池与点火开关间装有熔断丝。（   ）
48. 导体中有电流流动时，其周围会感应磁场，磁力线方向依左手定则而定。（   ）
49. 利用换向器，每使电流在导线中方向做改变，即可使导线以相同方向持续旋转。（   ）
50. 起动机磁场线圈以扁铜条与绝缘纸绕成，通常使用六磁场线圈。（   ）
51. 起动机铁芯的软铁片表面上涂有绝缘油，可以防止涡电流的产生而发热。（   ）
52. 电枢线圈绕在铁芯上，每一槽中有一条，以绝缘纸包扎。（   ）
53. 换向器的云母片较铜片高0.5～0.8mm。（   ）
54. 起动机小齿轮齿数与飞轮环齿数比为1:15～1:20，即传动比为15:1～20:1。（   ）

55. 使用双线圈电磁开关和滚柱式单向离合器的起动机,为目前汽油车使用最多的起动机。( )
56. 如今的汽油发动机多已采用减速型起动机。( )
57. 减速起动机中的导线接点多采用铜焊。( )
58. 电枢线圈导线数的减少,可使起动机转速提高。( )
59. 减速起动机的总减速比约为 20∶1。( )
60. 减速型起动机轴承检查时,将轴承向内压同时转动轴承,如有阻力或感觉粗糙,应换新轴承。( )
61. 使用欧姆表检查起动机两电刷间应不导通。( )
62. 使用欧姆表检查电刷与外壳间应导通。( )
63. 起动机电刷长度应在规定值以上。( )
64. 绝缘电刷座与搭铁电刷座间应不导通。( )
65. 电刷弹簧弹力为 14~18N。( )
66. 换向器表面有烧蚀斑点或脏污时,可以用 400~500 号细砂纸砂光。( )
67. 换向器失圆度应在 0.8mm 以下。( )
68. 换向器外径应在 39mm 以上。( )
69. 绝缘云母深度最小值为 0.2mm,最大值为 0.5~0.8mm。( )
70. 检查换向器与铁芯间应不导通,导通时电枢应换新。( )
71. 起动机换向器与电枢轴间应导通。( )
72. 起动机各整流片间应导通。( )
73. 可在电枢试验器上检查电枢线圈是否断路。( )
74. 起动机电枢轴与轴承之间间隙为 0.2mm 以下。( )

二、选择题

1. 起动机使用的电流为_____。
   (A) 3~5A　　　(B) 6~20A　　　(C) 21~45A　　　(D) 50~300A
2. 导体的运动方向是依_____而定。
   (A) 弗来明左手定则　　　(B) 安培右手定则
   (C) 欧姆定律　　　(D) 楞次定律
3. 电枢线圈与磁场线圈的连接方式采用最多的是_____。
   (A) 串联式　　　(B) 并联式　　　(C) 复联式　　　(D) 并绕式
4. 下列选项是非减速型起动机特点的是_____。
   (A) 高扭矩　　　(B) 低转速　　　(C) 轻量化　　　(D) 小型化
5. 传统式起动机的减速比约_____。
   (A) 5∶1~10∶1　　　(B) 15∶1~20∶1
   (C) 25∶1~30∶1　　　(D) 35∶1~50∶1
6. 让蓄电池的大电流通过,再送入磁场与电枢线圈的是_____。
   (A) 电磁开关　　　(B) 起动开关　　　(C) 抑制开关　　　(D) 起动安全开关

7. 大型柴油发动机利用_____以减轻起动机的负荷。
    (A)减压装置   (B)高压缩比设计
    (C)低压缩比设计   (D)排气遮断装置

8. 起动机电磁开关上的M接线头应接_____。
    (A)蓄电池   (B)起动开关   (C)起动机本体   (D)搭铁

9. 为保护全车电路,在蓄电池与点火开关之间装_____。
    (A)继电器   (B)熔断丝   (C)起动安全开关   (D)电磁开关

10. 下述说法错误的是_____。
    (A)小齿轮装在电枢轴上
    (B)整流子的铜片与铜片间有云母片
    (C)铁芯是由软铁片叠合而成
    (D)电枢线圈绕在起动机外壳上

11. 电枢线圈与磁场线圈串联式的接线法,其特点是起动机_____。
    (A)低速转矩小,高速转矩小   (B)低速转矩小,高速转矩大
    (C)低速转矩大,高速转矩小   (D)低速转矩大,高速转矩大

12. 减速齿轮组式减速型起动机,其总减速比约为_____。
    (A)10:1   (B)20:1   (C)30:1   (D)45:1

13. 行星齿轮组式减速型起动机的减速比约为_____。
    (A)30:1   (B)50:1   (C)70:1   (D)100:1

14. 电枢制动装置的作用是_____。
    (A)防止起动失败   (B)预防电枢过热
    (C)使电枢迅速停止转动   (D)防止起动机转动太慢

15. 装用单向离合器的起动机在发动机刚发动的瞬间,_____。
    (A)起动机小齿轮和飞轮自动分离   (B)超速离合器自行空转
    (C)起动机自动停止运转   (D)起动机电枢退回

16. 汽车用起动机是_____。
    (A)交流串联线路   (B)直流串联线路
    (C)交流并联线路   (D)直流并联线路

17. 起动机双线圈电磁开关的吸入线圈_____。
    (A)在电磁开关本身搭铁   (B)磁场线圈搭铁
    (C)经搭铁的铜刷搭铁   (D)在电枢线圈搭铁

18. 起动机组合后小齿轮间隙应为_____。
    (A)0.05~0.10mm   (B)0.15~0.20mm
    (C)0.25~0.30mm   (D)0.35~0.40mm

19. 减速型起动机与普通起动机检查的不同之处在于_____。
    (A)定子   (B)电枢   (C)电磁开关   (D)轴承

20. 起动机电刷长度应在_____以上。
    (A)12mm   (B)13mm   (C)14mm   (D)15mm

21. 起动机电刷弹簧弹力为_____。
   (A)4~8N　　(B)14~18N　　(C)24~28N　　(D)34~38N

22. 起动机换向器的圆度在_____以下。
   (A)0.2mm　　(B)0.3mm　　(C)0.4mm　　(D)0.5mm

23. 换向器外径在_____以上。
   (A)38mm　　(B)39mm　　(C)40mm　　(D)41mm

24. 起动机绝缘云母深度最小值为_____。
   (A)0.1mm　　(B)0.2mm　　(C)0.3mm　　(D)0.4mm

25. 起动机电枢轴与轴承之间间隙为_____以下。
   (A)0.1mm　　(B)0.2mm　　(C)0.3mm　　(D)0.4mm

26. 起动机在无负荷试验时电流量在11V时,应低于_____。
   (A)30A　　(B)40A　　(C)50A　　(D)60A

27. 电磁开关B与接头M间的电压应在_____以下。
   (A)0.1V　　(B)0.5V　　(C)1.0V　　(D)1.5V

28. 起动机有负荷时搭铁回路的电压应在_____以下。
   (A)0.2V　　(B)0.4V　　(C)0.6V　　(D)0.8V

29. 蓄电池到起动电机间线路的电压降应在_____以下。
   (A)0.5V　　(B)1.0V　　(C)1.5V　　(D)2.0V

30. 有负荷时电磁开关M接头电压应在_____以上。
   (A)8.0V　　(B)9.0V　　(C)10.0V　　(D)11.0V

31. 有负荷时蓄电池接头电压应在_____以上。
   (A)9.5V　　(B)10.5V　　(C)11.5V　　(D)12.5V

32. 行星齿轮式减速起动机的总减速比约为_____。
   (A)70:1　　(B)80:1　　(C)90:1　　(D)100:1

33. 普通齿轮式减速起动机的总减速比约为_____。
   (A)35:1　　(B)45:1　　(C)55:1　　(D)65:1

34. 普通起动机的传动比为_____。
   (A)5:1~10:1　　　　　　(B)15:1~20:1
   (C)25:1~30:1　　　　　　(D)35:1~40:1

35. 电枢线圈与磁场线圈的连接方式以_____最适合。
   (A)串联式　　(B)并联式　　(C)复合式　　(D)以上都可

36. 换向器的云母片较铜片低_____。
   (A)0.2~0.4mm　　　　　　(B)0.5~0.8mm
   (C)0.8~1.0mm　　　　　　(D)1.0~1.2mm

37. 电枢线圈绕在铁芯上,每一槽中有_____条。
   (A)1　　(B)2　　(C)3　　(D)4

38. 汽车用起动机通常使用_____磁场线圈。
   (A)四　　(B)五　　(C)六　　(D)七

39. 下列不是起动机组成部分的是_____。
 (A)直流串励式电动机 (B)传动机构
 (C)电磁开关 (D)起动继电器
40. 关于点火开关的说法错误的是_____。
 (A)点火开关在锁止(LOCK)位置才能拔出
 (B)点火开关在关闭(OFF)位置全车电路不通
 (C)点火开关在附件(ACC)位置汽车附属电器的电路接通
 (D)点火开关在起动(START)位置时起动系统接通,但点火系统不接通

三、填空题

1. 常用的起动方式有_____和_____两种,如今的汽车上被广泛应用的是_____。
2. 起动系统由_____、_____、_____、_____、_____和_____等元件组成。
3. 点火开关在_____位置时,钥匙在此才能拔出,也在此位置锁住_____,以防汽车无钥匙被移动或被开走。如今的自动挡汽车,变速杆在_____挡,钥匙才能拔出。
4. 起动机由_____、_____和_____三个部分组成。
5. 普通传统型起动机本体包括_____、_____、_____与_____等。
6. 起动机包括起动_____与_____两部分。
7. 起动机电枢包括_____、软铁片迭合成的_____、_____及电枢线圈。
8. 换向器的云母片较铜片低_____mm。
9. 起动机电枢线圈与磁场线圈的连接方式可分为_____、_____与_____三种,以_____最适合。
10. 传动机构的种类主要有_____型和_____型两类。
11. 电磁开关由_____、_____、柱塞、弹簧及触点等组成。
12. 减速型起动机可分_____与_____两种。
13. 减速型起动机各零件的检查方法,与普通型起动机几乎完全相同,其他需要检查之处为_____。
14. 起动发动机时,当点火开关转到_____时,起动机电路分两路,一条经较细的_____,另一条经较粗的_____。
15. 发动机的起动,是指_____的发动机在_____驱动下,从开始旋转到进入_____的全过程。
16. 按传动机构不同,起动机可分为_____起动机、_____起动机和_____起动机三类。
17. 普通直流串励式电动机主要由_____、_____、_____等部件构成。

18. 减速起动机是采用了_____式电动机,通过_____,将输出转速降低,再带动_____。采用这种形式的起动机,它的体积_____、质量_____、长度_____,并能减轻蓄电池的_____。

19. 永磁式起动机维修装夹时,只能按_____位置装夹。

20. 使用自动变速器的汽车,只有变速杆在_____或_____位置,起动线路才能接通。

21. 装有离合器起动开关的汽车,当离合器踏板放开时,起动线路_____;踩下离合器踏板时,起动线路_____。

22. 电枢线圈与磁场线圈的连接方式可分_____、_____与_____三种,以_____最适合。

23. 换向器端盖包括_____、_____、_____、_____、_____等组成。

四、简答题

1. 起动安全开关有何功能?

2. 试述起动机的功能。

3. 简述减速型起动机的特点。

4. 齿轮拨动型起动机当点火开关在 ST 位置时,起动机如何驱动发动机旋转?

5. 减速型起动机,当点火开关从"ST"回复"ON"位置时如何作用?

6. 大型柴油车为何要装减压杆?

7. 简述起动系统的基本组成机件。

8. 电枢线圈与磁场线圈串联式起动机有何特性?

9. 为何必须有电枢制动装置?

10. 齿轮惯性移动型起动机的小齿轮如何与飞轮啮合及分离?

11. 简述电磁开关的功能。

12. 单向离合器有什么作用?

13. 简述点火开关各挡位的作用。

14. 如何检查磁场绕组及电刷？

15. 如何检查电枢线圈及轴承？

16. 如何检查驱动齿轮间隙？

17. 如何检查单向离合器？

18. 简述电磁开关的工作过程。

19. 如何检查换向器？

20. 起动机的组成及各部分的作用是什么？

21. 简述滚柱式离合器工作过程。

22. 维修永磁式起动机时，应注意哪些事项？

23. 减速型起动机有何优点？

24. 使用起动机应注意哪些事项？

25. 起动方式有几种？各有何特点？

26. 简述起动安全开关的作用。

27. 为什么起动时将附加电阻短路？

28. 简述起动机的构造及功能。

29. 简述直流电动机的构造及工作原理。

30. 简述起动机外壳与磁极的构造。

31. 简述电枢的构造。

32. 简述换向器的构造。

33. 串联式电枢线圈与磁场线圈连接方式有何特性？

34. 简述传动机构的作用及种类。

35. 简述电磁拨动齿轮型起动机的构造与作用。

36. 简述减速齿轮组式减速型起动机特点。

37. 简述行星齿轮组式减速型起动机的构造。

38. 试述减速起动开关在"ST"位置时的工作过程。

39. 简述减速起动机在放开起动开关回复"ON"位置时的工作过程。

40. 简述起动系统功能检查技术标准与要求。

41. 简述起动系统功能检查的项目。

42. 如何检查有负荷时蓄电池接头电压？

43. 如何检查蓄电池到起动电机间线路的电压降？

44. 如何检查有负荷时电磁开关 M 接头电压？

45. 如何检查有负荷时搭铁回路的电压？

46. 如何检查电磁开关吸入线圈？

47. 如何检查电磁开关吸住线圈？

48. 如何检查驱动小齿轮的退回情况？

49. 如何进行起动机无负荷试验？

50. 简述普通型起动机的分解与检查技术标准、要求。

51. 简述普通型起动机的拆卸步骤。

52. 起动机解体后的检查项目有哪些?

53. 如何检查组合起动机小齿轮间隙?

五、看图填空

1. 起动系统示意图

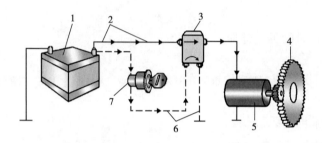

1. ___
2. ___
3. ___
4. ___
5. ___
6. ___
7. ___

2. 起动系统的组成

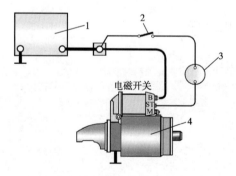

1. ___
2. ___
3. ___
4. ___

3. 电枢的构造

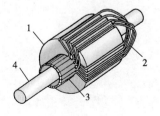

1. ___
2. ___
3. ___
4. ___

4. 电磁开关的构造

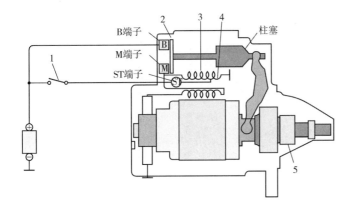

1. _____
2. _____
3. _____
4. _____
5. _____

5. 外动型单向离合器的构造

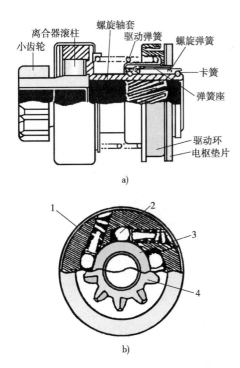

1. _____
2. _____
3. _____
4. _____

6. 减速齿轮组式减速型起动机的构造

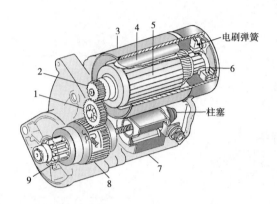

1. _____
2. _____
3. _____
4. _____
5. _____
6. _____
7. _____
8. _____
9. _____

7. 行星齿轮组式减速型起动机的构造

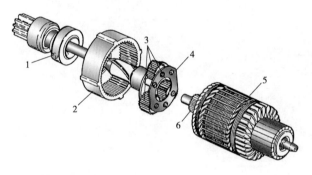

1. _____
2. _____
3. _____
4. _____
5. _____
6. _____

8. 普通型起动机的分解图

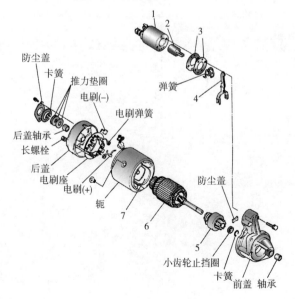

1. _____
2. _____
3. _____
4. _____
5. _____
6. _____
7. _____

9. 减速型起动电机的分解图

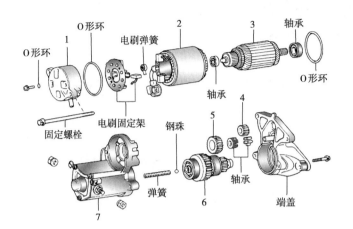

1. _____
2. _____
3. _____
4. _____
5. _____
6. _____
7. _____

单元 4
点 火 系 统

一、判断题

1. 点火系统的作用是将汽车电源提供的低压电转变为高压电。（　）
2. 电控点火系统的执行器向 ECU 发出的控制指令，对点火线圈初级绕组电流进行控制。（　）
3. 空气流量计用来检测进气量，是点火系统的修正信号。（　）
4. 进气歧管绝对压力传感器用来检测进气量，是点火系统的主控信号。（　）
5. 曲轴位置传感器用来检测曲轴转速，是点火系统的主控信号。（　）
6. 凸轮轴位置传感器用来检测凸轮轴转角，是点火系统的主控信号。（　）
7. 节气门位置传感器用来检测节气门开度信号，是点火系统的主控信号。（　）
8. 冷却液温度传感器用来检测发动机冷却液信号，是点火系统的修正信号。（　）
9. 进气温度传感器用来检测进气温度信号，是点火系统的修正信号。（　）
10. 爆震传感器用来检测发动机爆震信号，是点火系统的主控信号。（　）
11. 起动开关用来向 ECU 输入起动信号，是点火系统的修正信号。（　）
12. 空调（A/C）开关用来向 ECU 输入空调工作信号，是点火系统的修正信号。（　）
13. 空挡位置开关用来向 ECU 输入 P 挡和 N 挡信号，是点火系统的修正信号。（　）
14. 点火控制器根据 ECU 输出的控制指令，控制点火线圈次级电路的通断，以产生次级高压，并向 ECU 反馈点火确认信号。（　）
15. 点火线圈利用变压器的原理可将汽车电源提供的 12V 低压电转变成能击穿火花塞电极间隙的 15～20kV 的高压交流电。（　）
16. 控制单元根据各输入信号输入的信息，计算出最佳的控制参数，并向执行器发出控制指令。（　）
17. 分电器按照发动机的工作顺序将产生的高压电送至各缸点火线圈。（　）
18. 火花塞的作用是将高压电引入汽缸燃烧室，产生电火花点燃可燃混合气。（　）
19. 冷却液温度传感器由负温度系数热敏电阻构成，利用电阻值的变化来检测冷却液的温度。冷却液温度越低电阻值越小，冷却液温度越高电阻值越大。（　）
20. 磁感应式传感器是利用磁力线的变化来识别转速和位置信号。（　）
21. 起动时的点火时间通常由 ECU 内的备用 IC 直接设定固定点火时间。（　）
22. 点火线圈中的初级绕组电阻值比次级绕组电阻值大。（　）
23. 当发动机转速高时，ECU 适当增大闭合角，增加通电时间，防止初级线圈通过电流值下降。（　）

24. 为了最大限度地发挥汽油机的潜能,应把点火提前角控制接近临界爆震点,同时又不能使发动机发生爆震。( )
25. 增加点火提前角可以避免发动机产生爆震。( )
26. 在进行点火系统试火时,测试结果如果没有出现火花,说明火花塞有故障。( )
27. 点火线圈初级绕组的电阻值和次级绕组的电阻值比较接近。( )
28. 火花塞的间隙一般为 1.0~1.2 mm。( )
29. 开磁路点火线圈线圈没有构成闭合回路。( )
30. 开磁路点火线圈磁路磁阻大,磁通量泄漏多,能量转换效率低,现已很少应用。( )
31. 闭磁路点火线圈具有漏磁少、能量损失小、转换效率高、体积小、质量轻和易散热等优点,因此在点火系中广泛应用。( )
32. 点火线圈按其磁路结构形式的不同,一般分为开磁路式和闭磁路式两种。( )
33. 霍尔式传感器是利用电磁感应原理来识别转速和位置信号。( )
34. 发动机用爆震传感器多数采用压电式,通常安装到发动机缸盖上。( )
35. 压电式爆震传感器是一种利用压电原理检测机体振动的传感器。( )
36. 非共振型压电式爆震传感器,可检测具有较宽频率带的发动机振动频率。( )
37. 分电器的信号发生器的作用是产生脉冲信号,送给点火控制器,由点火控制器控制初级电路的通断。( )
38. 点火控制器也称为点火模块,是电控点火系统的控件元件。( )
39. 高压导线的绝缘包层很厚,耐压性能好,线芯截面积很大。( )
40. 火花塞中心电极用中间加的导电玻璃主要是起导电作用。( )
41. 裙部短的火花塞,吸热面积小,传热距离短,散热容易,裙部温度低,称为热型火花塞。( )
42. ECU 根据接收到的各传感器信号,按存储器中存储的有关程序和相关数据,确定出该工况下最佳点火提控制参数,并向点火器发出指令。( )
43. 点火系统的工作过程可分成初级电路导通,点火能量储存;初级电路截止,次级电路产生高压电两个阶段。( )
44. ECU 根据爆震传感器的输入信号来判断发动机有无爆震及爆震的强度,并对点火提前角进行闭环控制。( )
45. 有分电器式电控点火系统由控制单元来控制一次线圈电流的接通及切断。( )
46. 点火时间控制可分为两个阶段控制,第一阶段是起动时点火时间控制,第二阶段是起动后点火时间控制。( )
47. 起动时的点火时间控制通常由 ECU 内的备用 IC 直接设定最提前点火时间。( )
48. 基本点火时间是由进气量或进气歧管压力信号与发动机转速信号决定。( )
49. 低温修正时最大的点火提前可达约 5°。( )
50. 根据冷却液温度传感器等信号,当发动机冷却液温度低时,ECU 使点火提前,以改善驾驶性能。( )

51. 怠速稳定修正时若转速低于目标转速时,ECU 使点火提前。（   ）
52. 当冷却液温度过高时,ECU 会使点火时滞。（   ）
53. 空燃比回馈修正的最大点火提前角度为 10°,在车辆行驶时,此修正会停止作用。
（   ）
54. 当冷却液温度或蓄电池电压低于预设值时,转矩控制修正不起作用。（   ）
55. 爆震较强时,点火时滞较少;爆震较弱时,点火时滞较多。（   ）
56. 通电时间控制也称闭合角控制。（   ）
57. 影响初级线圈通过电流的主要因素有发动机转速和蓄电池电压。（   ）
58. 当发动机转速高时,适当增大闭合角,当蓄电池电压下降时,应适当减小闭合角。
（   ）
59. 通过对通电时间的准确调节,可以防止初级线圈发热和电能的无效损耗,改善点火系统的点火性能。（   ）
60. 在电控点火系统中,为了减小转速对次级电压的影响,提高点火能量,采用了初级线圈电阻很大的高能点火线圈。（   ）
61. 爆燃是汽油机工作时的一种不正常燃烧现象,是汽油机运行中最有害的一种故障现象。（   ）
62. 为了防止发动机发生爆震,必须对点火提前角采用爆震反馈控制。（   ）
63. 点火时刻是影响爆震的主要因素之一,提前点火时刻对消除爆震有明显的作用。
（   ）
64. 拆下火花塞后,要用压缩空气吹净火花塞座孔。（   ）
65. 安装火花塞时一定要按规定力矩拧紧火花塞,否则可能造成点火系统工作不良。
（   ）
66. 安装火花塞时一定要注意对正火花塞螺纹与缸盖螺纹,否则可能造成缸盖损坏。
（   ）
67. 拆卸火花塞时要在热车时进行,这样比较容易。（   ）

二、选择题

1. 将点火时间固定在一定值,是在_____。
   (A)怠速时   (B)起动时
   (C)加速时   (D)暖车时
2. 点火时间修正控制不包括_____。
   (A)低温修正   (B)暖机修正
   (C)起动修正   (D)爆震修正
3. 怠速稳定修正时,最大点火时间修正值为_____。
   (A) ±5°   (B) ±10°   (C) ±15°   (D) ±20°
4. 下列不用于确定基本点火时间的信号是_____。
   (A)进气量   (B)进气压力
   (C)发动机转速   (D)冷却液温度

5. 下列不属于点火系统输入信号的是_____。
   (A)点火线圈   (B)进气温度传感器
   (C)节气门位置传感器   (D)空气流量计
6. 在点火系统中,用于产生高压的部件是_____。
   (A)控制单元   (B)分电器   (C)高压线   (D)点火线圈
7. 下列不是点火系统主控信号的是_____。
   (A)曲轴位置信号   (B)爆震信号
   (C)空气流量计信号   (D)凸轮轴信号
8. 点火模块是电子控制单元的_____。
   (A)传感器   (B)执行器   (C)电源   (D)控制器
9. 由电子控制单元根据发动机的转速和进气量所确定的点火提前角为_____提前角。
   (A)初始   (B)修正   (C)基本   (D)最大
10. 点燃混合气的电火花是由_____完成的。
    (A)点火线圈   (B)火花塞   (C)分电器   (D)点火控制器
11. 大功率、高转速、高压缩比的发动机应选用_____火花塞;功率小、转速和压缩比低的发动机应采用_____火花塞。
    (A)冷型,热型   (B)冷型,冷型
    (C)热型,冷型   (D)热型,热型
12. 当气温极低时,点火提前可达约_____。
    (A)5°   (B)10°   (C)15°   (D)20°
13. 高温修正时的最大点火时滞为_____。
    (A)5°   (B)10°   (C)15°   (D)20°
14. 空燃比回馈修正的最大点火提前角度为_____。
    (A)5°   (B)10°   (C)15°   (D)20°
15. 爆燃修正时的最大点火提前角度为_____。
    (A)5°   (B)10°   (C)15°   (D)20°
16. 初级绕组电阻(20℃时)为_____Ω。
    (A)0~1   (B)1~2   (C)2~3   (D)3~4
17. 次级绕组电阻(20℃时)为_____。
    (A)1~5kΩ   (B)6~10kΩ   (C)11~15kΩ   (D)16~25kΩ
18. 分电器盖主高压线线束插座与各缸高压线线束插座间的绝缘电阻应在_____以上。
    (A)20MΩ   (B)30MΩ   (C)40MΩ   (D)50MΩ
19. 关于爆震传感器,下列说法错误的是_____。
    (A)爆震传感器用于点火系统的闭环控制,用来监控发动机是否出现爆震情况
    (B)非共振型压电式爆震传感器用于不同发动机上时,需更换传感器
    (C)传感器是以接收加速度信号的形式来判断是否产生爆震
    (D)发动机用爆震传感器多数采用压电式,通常安装到发动机机体上

20. 下列不是点火系统修正信号的是_____。
    (A) 节气门位置传感器信号　　　　　(B) 爆震传感器信号
    (C) 进气歧管绝对压力信号　　　　　(D) 冷却液温度传感器信号

21. 曲轴位置传感器不能检测的信号是_____。
    (A) 曲轴加速度信号　　　　　　　　(B) 活塞上止点
    (C) 曲轴转角　　　　　　　　　　　(D) 发动机转速

22. 能够按照发动机的工作顺序将产生的高压电送至各缸火花塞的部件是_____。
    (A) 分电器　　　(B) 高压线　　　(C) 点火控制器　　　(D) 控制单元

23. 点火线圈产生的高压电是_____。
    (A) 5～10kV　　(B) 10～15kV　　(C) 15～20kV　　(D) 20～25kV

24. 关于火花塞拆装,下列说法错误的是_____。
    (A) 热车时拆下火花塞会很烫,不要用手触摸,防止烫伤
    (B) 拆下火花塞之后要用压缩空气吹净火花塞座孔内的杂物
    (C) 安装火花塞时一定要注意对正火花塞螺纹与缸盖螺纹,否则可能造成缸盖损坏
    (D) 一定要按规定力矩拧紧火花塞,否则可能造成点火系统工作不良

25. 电子点火模块是电子控制单元的_____。
    (A) 传感器　　　(B) 执行器　　　(C) 电源　　　(D) 控制器

26. 关于高压导线,下列说法错误的是_____。
    (A) 高压导线用以连接点火线圈与分电器中心插孔以及分电器旁电极和各缸火花塞
    (B) 高压导线工作电压很高(一般在15kV以上),电流强度较小
    (C) 高压导线的绝缘包层很厚,耐压性能好,线芯截面积较大
    (D) 汽车用高压线有铜芯线和阻尼线两种,其电阻值因车型的不同而不同

27. 关于火花塞,下列说法错误的是_____。
    (A) 火花塞用于将高压电引入汽缸燃烧室,产生电火花点燃可燃混合气
    (B) 火花塞必须具有足够的强度,能承受温度的强烈变化,应有良好的热特性
    (C) 火花塞中心电极做成两段,中间加有导电玻璃
    (D) 火花塞的间隙一般为0.8～1.0mm

28. 关于点火系统的工作过程,下列说法错误的是_____。
    (A) 初级电路导通,点火能量储存
    (B) 初级电路截止,次级电路产生高压电
    (C) 火花塞电极产生电火花,点燃混合气
    (D) ECU 根据冷却液温度传感器的输入信号对点火提前角进行闭环控

29. 关于点火时间控制,下列说法错误的是_____。
    (A) 点火时间控制可分为起动时点火时间控制和起动后点火时间控制两个阶段控制
    (B) 起动时通常由 ECU 内的备用 IC 将点火时间固定在一定值
    (C) 起动后的点火时间 = 固定时间 + 基本点火时间 + 修正点火时间
    (D) 基本点火时间是由冷却液温度传感器信号决定

30. 关于点火修正,下列说法错误的是_____。
    (A)在低温时,ECU使点火提前
    (B)若发动机怠速转速低于目标转速时,ECU使点火提前
    (C)爆震较强时,点火提前较多
    (D)当冷却液温度过高时,ECU会使点火时滞

31. 关于通电时间控制,下列说法错误的是_____。
    (A)通电时间控制也称闭合角控制
    (B)次级线圈高压的最大值与初级断开电流成反比
    (C)影响初级线圈通过电流的主要因素有发动机转速和蓄电池电压
    (D)为了防止初级电流过大烧坏点火线圈,在电控点火系统的点火控制电路中增加了恒流控制电路

32. 关于爆震,下列说法错误的是_____。
    (A)爆燃是汽油机工作时的一种不正常燃烧现象,是汽油机运行中最有害的一种故障现象
    (B)轻微的爆燃,可使发动机功率上升,油耗下降
    (C)为了最大限度地发挥汽油机的潜能,应把点火提前角控制接近临界爆震点,同时又不能使发动机发生爆震
    (D)点火时刻是影响爆震的主要因素之一,提前点火时刻对消除爆震有明显的作用

三、填空题

1. 电控点火系统主要由_____、_____及_____组成。
2. 按点火方式的不同,点火系统可分为_____、_____和_____三种。
3. _____用于点火系统的闭环控制,用来监控发动机是否出现_____情况。
4. 曲轴位置传感器是发动机电子控制系统中最主要的传感器之一,它提供_____、_____的信号,用于检测_____、_____以及_____。具有这种功能的传感器形式很多,其中使用最多的是_____和_____传感器。
5. 点火线圈可将_____转变成能击穿火花塞电极间隙的_____。点火线圈根据磁路结构形式的不同,一般分为_____和_____两种。
6. _____的作用是将点火线圈产生的高压电,按照发动机的工作顺序送至各缸火花塞;_____的作用是产生脉冲信号,送给点火控制器,由点火控制器控制初级电路的通断。
7. 火花塞根据其热特性的不同,可分为_____、_____和_____。
8. 点火系统的工作过程可分成_____、_____和

_____三个阶段。

9. 点火时间控制可分为_____和_____两个阶段。

10. 曲轴位置传感器用于检测曲轴转速信号,是点火系统的_____信号。

11. 凸轮轴位置传感器用于检测_____,是点火系统的_____信号。

12. 节气门位置传感器用于检测_____信号输入ECU,是点火系统的_____信号。

13. 冷却液温度传感器用于检测_____信号输入ECU,是点火系统的_____信号。

14. 进气温度传感器用于检测_____信号输入ECU,是点火系统的_____信号。

15. 爆震传感器用于检测发动机_____信号输入ECU,是点火系统的_____信号。

16. 起动开关向ECU输入_____信号,点火系统的_____信号。

17. 空调(A/C)开关向ECU输入_____信号,点火系统的_____信号。

18. 空挡位置开关向ECU输入_____信号,是点火系统的_____信号。

19. 点火控制器根据_____输出的控制指令,控制_____的通断,以产生次级高压,并向ECU反馈点火确认信号。

20. 冷却液温度越低电阻值_____,冷却液温度越高电阻值_____。

21. 控制单元(ECU)根据各输入信号输入的信息,计算出_____,并向执行器发出控制指令。

22. 分电器按照_____将产生的高压电送至各缸火花塞。

23. 火花塞的作用是将高压电引入_____,产生电火花点燃可燃混合气。

24. 空气流量计(L型)用于检测_____信号输入ECU,是点火系统的主控信号。

25. 电控点火系统按照是否安装分电器可分为_____和_____。

26. 冷却液温度传感器由对温度变化非常敏感的_____构成,利用电阻值的变化来检测冷却液的温度。

27. 曲轴位置传感器是发动机电子控制系统中最主要的传感器之一,传感器形式很多,其中使用最多的是_____和_____传感器。

28 磁感应式传感器是利用_____来识别转速和位置信号,其主要由_____、_____和_____组成。

29. 霍尔式传感器是利用_____来识别转速和位置信号,霍尔式传感器主要由触发叶轮(转子)、_____、导磁钢片(磁轭)与永久磁铁等组成。

30. 霍尔集成电路由_____、放大电路、_____、温度补偿电路、信号变换电路和输出电路等组成。

31. 爆震传感器用于点火系统的闭环控制，发动机用爆震传感器多数采用_____，通常安装到_____。

32. 压电式爆震传感器是一种利用_____测机体振动的传感器。传感器是以接收_____信号的形式来判断是否产生爆震。

33. 非共振型压电式爆震传感器用于不同发动机上时，只需调整滤波器的_____就可使用，而不需更_____，这是非共振型压电式爆震传感器最突出的优点。

34. 控制单元是电控点火系统的_____，控制单元还具有_____功能，当各传感器的输入信号和执行器的工作情况出现异常时，会记录相应的故障信息，以便于诊断时读取。

35. 开磁路点火线圈中心是用硅钢片叠成的条形铁芯，由于铁芯没有构成_____，所以称为开磁路点火线圈。开磁路点火线圈_____，磁通量_____，能量转换效率低，现已很少应用。

36. 闭磁路点火线圈也称为_____，初级绕组产生的磁通量通过铁芯构成_____。

37. 高压导线用以连接_____与_____以及分电器旁电极和各缸火花塞。汽车用高压线有_____和_____两种，其电阻值因车型的不同而不同。

38. 火花塞主要由接线帽、瓷绝缘体、_____、侧电极和壳体等组成，火花塞的间隙一般为_____。

39. 绝缘体裙部长的火花塞称为_____，裙部短的火花塞称为_____。

40. 起动时，由于进气量或进气歧管压力信号不稳定，通常由ECU内的备用IC直接设定点火时间_____。

41. 起动后的点火时间 = _____ + _____ + _____。

42. 在低温时，ECU使点火_____，以保持低温运转性能；当气温极低时，点火提前可达约_____。

43. 怠速稳定修正时，若转速低于目标转速时，ECU使点火_____；若转速高于目标转速时，ECU使点火_____。最大点火时间修正值可达到_____，当发动机转速超过预设值时，怠速稳定修正_____。

44. 当冷却液温度过高时，为避免发动机过热与爆震，控制单元会使_____，高温修正时的最大点火时滞为_____。

45. 配备电子控制自动变速器的车辆，在挡位开始变化时，ECU使_____，减低发动机转矩，以降低向上或向下换挡产生的振动。当冷却液温度或蓄电池电压低于预设值时，转矩控制修正_____。

46. 当发动机产生爆震时，ECU根据信号的程度，分成强、中、弱三种，爆震较强时，_____较多；爆震较弱时，_____较少。当爆震停止时，ECU停止_____，并开始_____，一次一个固定角度。

47. 通电时间控制也称_____。对于电感储能式电控点火系统，当点火线圈的初级线圈被接通后，通过线圈的电流是按_____增大的。

48. 影响初级线圈通过电流的主要因素有_____和_____。当发动机转速高时，适当_____，当蓄电池电压下降时，适当_____。

49. 为了防止初级电流过大烧坏点火线圈，在点火控制电路中增加了_____，保证在任何转速下初级电流均为_____，既改善了点火性能，又能防止初级电流过而烧坏点火线圈。

50. 火花塞外观检查主要包括检查火花塞的_____、_____、搭铁电极、螺纹、垫片及瓷体等，使用_____检查火花塞间隙。

51. 爆燃是汽油机工作时的一种_____，是汽油机运行中最有害的一种故障现象。轻微的爆燃，可使发动机_____，油耗下降，但爆燃严重时，汽缸内发出特别尖锐的_____，造成发动机的严重损坏。

52. 从最佳点火提前角的分析中可知，为了最大限度地发挥汽油机的潜能，应把点火提前角控制在_____。

53. 影响爆震的主要因素是_____，_____对消除爆震有明显的作用。

四、简答题

1. 简述点火系统的作用与组成。

2. 简述传感器各组成部分的功用。

3. 简述传感器的类型。

4. 简述点火系统的工作原理。

5. 简述电控点火系统主要传感器的作用。

6. 简述点火系统各执行元件的作用。

7. 简述点火系统控制单元的作用。

8. 简述曲轴位置传感器的作用及类型。

9. 简述磁感应式曲轴位置传感器的结构及工作原理。

10. 简述霍尔式传感器的结构及工作原理。

11. 简述爆震传感器的作用。

12. 简述压电式爆震传感器的工作原理。

13. 简述点火线圈的作用及类型。

14. 简述开磁路点火线圈的结构特点。

15. 简述闭磁路点火线圈的结构特点。

16. 简述分电器的结构及作用。

17. 简述点火控制器的作用。

18. 简述高压线的作用。

19. 简述火花塞的作用及类型。

20. 简述起动时点火时间控制方法。

21. 简述起动后点火时间控制方法。

22. 简述点火时间修正的内容。

23. 简述点火时间怠速稳定修正方法。

24. 简述点火时间空燃比回馈修正方法。

25. 简述点火时间转矩控制修正的方法。

26. 简述点火时间爆震修正的方法。

27. 简述点火时间低温修正的方法。

28. 简述点火时间暖车修正的方法。

29. 简述点火时间高温修正的方法。

30. 简述点火系统对通电时间控制的要求。

31. 简述转速和蓄电池电压对通电电流控制的影响。

32. 简述如何减小转速对次级电压的影响。

33. 简述爆震的危害。

34. 如何实现爆震控制？

35. 如何实现对点火时刻的控制？

36. 简述点火系统工作测试的检查方法及判断。

37. 简述火花塞拆装注意事项。

38. 简述火花塞检查项目。

39. 简述分电器盖的检查方法。

40. 简述分缸高压线的检查方法。

41. 简述点火线圈的检查方法。

五、看图填空

1. 有分电器式电控点火系统组成

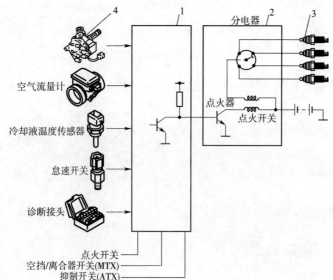

1. _____
2. _____
3. _____
4. _____

2. 冷却液温度传感器外形结构

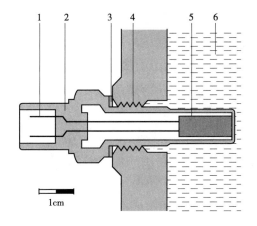

1. _____
2. _____
3. _____
4. _____
5. _____
6. _____

3. 磁感应式传感器结构

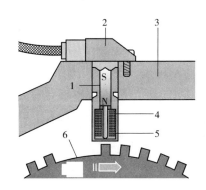

1. _____
2. _____
3. _____
4. _____
5. _____
6. _____

4. 霍尔式传感器结构

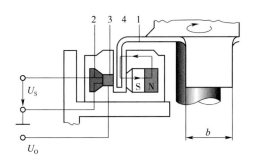

1. _____
2. _____
3. _____
4. _____

5. 压电式爆震传感器结构

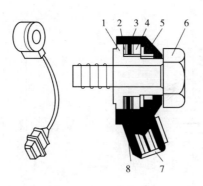

1.
2.
3.
4.
5.
6.
7.
8.

6. 开磁路点火线圈结构

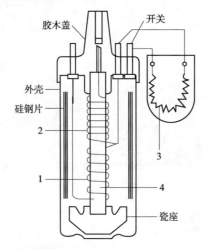

1.
2.
3.
4.

7. 闭磁路点火线圈结构

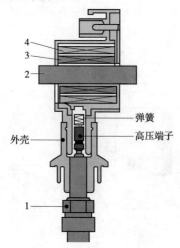

1.
2.
3.
4.

8. 分电器的结构

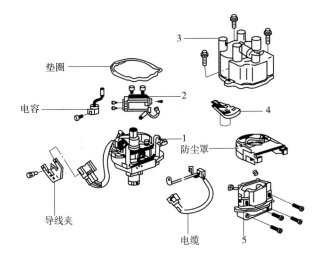

1.
2.
3.
4.
5.

9. 火花塞结构

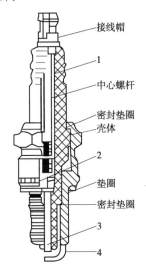

1.
2.
3.
4.

单元 5
照明与信号系统

一、判断题

1. 汽车喇叭的音量是以 dB 为单位。（   ）
2. 供应电流给喇叭的是喇叭按钮。（   ）
3. 灯泡内为真空状态的是卤素灯泡。（   ）
4. 卤素灯泡是在灯泡内充入氟、氯等卤素气体。（   ）
5. 在前照灯电路中装置继电器，可减少前照灯电路的电压降，提高前照灯效率。（   ）
6. 氙气灯泡的亮度及寿命，是卤素灯泡的 2～3 倍及 5 倍。（   ）
7. 氙气灯泡内是保持在真空状态。（   ）
8. 如今的车辆均采用灯泡密封式前照灯。（   ）
9. 从反射镜反射的光线，经镜头后，可再改善光线的分布。（   ）
10. 喇叭是靠内部白金触点的振动，使共鸣管中的空气因振动而发生声音。（   ）
11. 四前照灯的车辆，外侧前照灯为 1 型灯泡。（   ）
12. 双前照灯的车辆，两个都是 2 型灯泡。（   ）
13. 近光灯丝在焦点上方，光线经反射镜反射后折向下。（   ）
14. 手指不可抓住卤素灯泡的表面。（   ）
15. 前照灯开关关闭时，前照灯闪光无作用。（   ）
16. 危险警告灯电路是借用转向灯泡闪烁起警示作用。（   ）
17. 闪光器的作用是并联在转向灯电路中，在汽车转弯时，使转向灯发出明暗交替的闪烁光。（   ）
18. 所有的前照灯开关控制的都是各灯的电源线。（   ）
19. 转向灯及危险警告灯电路的共同点是共用车前与车后的转向灯，及车内的转向指示灯。（   ）
20. 白炽灯泡内的真空，可避免空气中的氧使灯丝烧尽。（   ）
21. 前照灯应使驾驶人能看清车前 100m 或更远距离以内路面上的任何障碍物。（   ）
22. 转向信号灯的闪光信号要求人和车辆在距车 35m 以外能看清楚。（   ）
23. 前照灯亮时，示宽灯应不点亮。（   ）
24. 当电喇叭触点预压力增大时，流过喇叭线圈的电流增大，使喇叭产生的音量减小，反之音量增大。（   ）
25. 转向灯灯泡灯丝烧断，会使转向灯闪烁频率变慢。（   ）
26. 前照灯按安装数量的不同可分为两灯制和四灯制。（   ）

27. 卤素灯泡的使用寿命要比普通灯泡的寿命长。（   ）
28. 汽车灯光按用途可分为照明灯和信号灯两种。（   ）
29. 氙气灯泡内有灯丝。（   ）
30. 氙灯由小型石英灯泡、变压器和电子控制单元组成。（   ）
31. 前照灯在进行检测时，只要求它的亮度，不要求它的照射范围。（   ）
32. 汽车电喇叭越响越好。（   ）
33. 如今的轿车上常采用高、低音两种喇叭。（   ）
34. 氙灯灯泡是一种在两电极间因高电压产生电弧，而在灯泡内产生光度的装置，灯泡内没有灯丝。（   ）
35. 汽车制造厂必须将前照灯装在规定的高度及宽度。（   ）
36. 前照灯装在车上以后是不可以调整的。（   ）
37. 如今的汽车前照灯的调整螺钉大多设在前照灯后方。（   ）
38. 白炽灯泡是在真空状态的灯泡内装用钨丝的灯泡。（   ）
39. 白炽灯泡可做成双灯丝，共用搭铁点。（   ）
40. 白炽灯泡的体积大，耗电且寿命短，因此已被逐渐淘汰。（   ）
41. 在灯泡内充入卤素气体，称为卤素灯泡。（   ）
42. 双丝的卤素灯泡称为 H2。（   ）
43. 氙气灯泡是一种在两电极间因高电压产生电弧，而在灯泡内产生光度的装置。（   ）
44. 氙气灯泡产生浅蓝色光，灯泡内无灯丝。（   ）
45. LED 的发光原理是利用固体半导体芯片作为发光材料，通过载流子发生复合引起光子发射而直接发光。（   ）
46. LED 主要用于汽车在指示、定位、室内照明等。（   ）
47. 良好的前照灯，必须有强力的远距中央光束，周围并分布光源，以尽可能扩大照射路面的范围。（   ）
48. 自动前照灯范围调整系统附加控制单元的轴传感器装在后轴或后悬架上，用来计测后悬架被压缩向下几度。（   ）
49. 转向灯开关均为自动复原式，转向灯开关自动复原至 OFF 位置，驾驶不必于转弯后再拨回。（   ）
50. 车顶灯开关在 DOOR 时，在车门关闭时灯才亮，车门打开后熄灭。（   ）
51. 在所有车门关闭后，点火开关照明灯会持续点亮 10~15s 才熄灭，以方便驾驶人插入钥匙。（   ）
52. 高位制动灯警示效果佳，可提高行车安全。（   ）
53. 行李厢灯装在行李厢内，当行李厢关闭时灯亮。（   ）
54. 踩下制动踏板时，制动灯开关内的接点断开。（   ）
55. 用来测量声音的特性有音量、频率及音压三项。（   ）
56. 音量又称响度，用来表示声音高低的程度，一般使用分贝（dB）为音量的单位。（   ）

57. 频率又称音调,用来表示声音强弱的程度,频率使用赫兹(Hz)为单位。（　　）

二、选择题

1. 小型车目前最普遍使用的是_____。
   (A)压缩空气式喇叭　　　　　　　　(B)电动式喇叭
   (C)电磁式喇叭　　　　　　　　　　(D)电子式喇叭
2. 电磁式喇叭的发音源是_____。
   (A)铁芯　　(B)振动板总成　　(C)线圈总成　　(D)前盖
3. 喇叭继电器的 H 接头是接往_____。
   (A)喇叭　　(B)喇叭按钮　　(C)熔断丝　　(D)蓄电池
4. 无灯丝的是_____。
   (A)白热灯泡　　(B)氙气灯泡　　(C)卤素灯泡　　(D)白炽灯泡
5. 关于 LED 优点说法错误的是_____。
   (A)功率大　　(B)不发热　　(C)反应速度快　　(D)寿命长
6. 氙灯的发学电压为_____。
   (A)1 万 V　　(B)2 万 V　　(C)3 万 V　　(D)4 万 V
7. 前照灯开关无以下哪种功能?_____。
   (A)使小灯及前照灯点亮　　　　　　(B)使前照灯闪光
   (C)变换远、近光　　　　　　　　　(D)使雾灯点亮
8. 电磁式喇叭内的电阻或电容器可_____。
   (A)避免喇叭内白金触点跳火　　　　(B)提高喇叭音量
   (C)减少喇叭耗电　　　　　　　　　(D)避免喇叭按钮烧损
9. 转向灯的闪烁次数每分钟为_____。
   (A)10～20 次　　(B)30～50 次　　(C)60～120 次　　(D)120～200 次
10. 点火开关照明灯在所有车门关闭后,会持续点亮_____。
    (A)1～3s　　(B)3～6s　　(C)10～15s　　(D)30～60s
11. 倒车灯的光色为_____。
    (A)红色　　(B)黄色　　(C)白色　　(D)橘黄色
12. 前照灯的近光灯灯丝位于_____。
    (A)焦点上方　　(B)焦点上　　(C)焦点下方　　(D)焦点前方
13. 汽车喇叭线圈的电阻值为_____。
    (A)0.4～1.5Ω　　(B)2～5Ω　　(C)5～10Ω　　(D)大于 10Ω
14. 关于卤素灯泡的优点说法错误的是_____。
    (A)亮度高　　(B)寿命长　　(C)光度稳定　　(D)价格低
15. 关于氙气灯泡的优点说法错误的是_____。
    (A)亮度高　　(B)体积小　　(C)寿命长　　(D)价格低
16. 氙气灯泡电极间的距离为_____。
    (A)2mm　　(B)3mm　　(C)4mm　　(D)5mm

17. 下列关于 LED 的优点,错误的是_____。
　　(A)亮度高　　　(B)省电　　　　(C)反应速度快　　　(D)寿命长
18. 下列关于 LED 前照灯说法错误的是_____。
　　(A)LED 前照灯的结构基本上与目前传统的前照灯结构一致,通过反射或透镜结构聚光
　　(B)LED 前照灯往往是多个 LED 元件构成,需要有一个控制模块对整个系统进行控制
　　(C)LED 元件对温度变化不敏感
　　(D)LED 前照灯对散热的要求较高

三、填空题

1. 照明系统用于提供车辆夜间安全行驶必要的照明,包括_____和_____。
2. 信号系统用于提供安全行车所必需的信号,包括_____和_____。
3. 常见汽车照明灯有_____灯、_____灯、_____灯、_____灯等。常见信号灯有_____灯、_____灯、_____灯、_____灯等。
4. 目前汽车前照灯的灯泡有_____灯泡、_____灯泡和_____灯泡三种。
5. 转向灯及危险警告灯电路由_____、_____、_____、_____和_____等部件组成。危险警告灯操纵装置不得受_____的控制。
6. 电喇叭音调通过_____调整,音量通过改变_____预压力调整。
7. 喇叭的种类有_____、_____和_____三类。
8. 常见闪光器有_____、_____和_____三类。
9. 灯光继电器的作用是减少控制开关的_____,减少灯光线路的_____。
10. 改变电喇叭铁芯气隙可以改变电喇叭的_____,改变电喇叭触点预压力可改变电喇叭的_____。
11. 转向灯的闪烁是由_____来控制的,常见的闪光器有_____、_____和_____等类型。

四、简答题

1. 简述转向闪光器的作用。

2. 试述喇叭的作用原理。

3. 电磁式喇叭有何优点?

4. 何谓白炽灯泡?

5. 卤素灯泡有何特点?

6. 试述氙气灯泡的优缺点。

7. 氙气前照灯系统是由哪些零件所组成？

8. 试述喇叭继电器的构造。

9. 前照灯自动变光器有何功能？

10. 车顶灯开关三个位置时灯如何作用？

11. 写出各种室内灯的名称。

12. 简述汽车照明与信号系统的组成。

13. 简述汽车灯泡的种类及特点。

14. 简述前照灯电路的组成。

15. 简述转向灯及危险警告灯的异同点。

16. 简述氙气灯泡的结构。

17. 简述 LED 的优点与用途。

18. 简述前照灯开关的挡位情况。

19. 简述前照灯继电器的作用。

20. 简述前照灯冲洗装置的作用及组成。

21. 简述自动前照灯范围调整系统的工作原理。

22. 简述转向灯电路的组成。

23. 简述转向灯的工作过程。

24. 简述喇叭电路的发生原理。

25. 简述盆形喇叭的动作过程。

26. 简述检查和更换汽车灯泡的准备工作。

27. 简述检查与更换汽车灯泡的技术标准、要求。

28. 简述检查与更换喇叭的技术标准、要求。

29. 简述检查和更换汽车喇叭的步骤。

30. 如何调整喇叭音量？

五、看图填空

1. 前照灯的安装

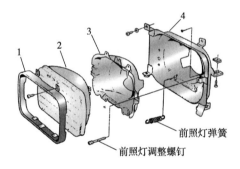

1. _____
2. _____
3. _____
4. _____

2. 前照灯的构造

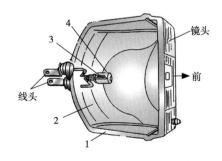

1. _____
2. _____
3. _____
4. _____

3. 氙气前照灯的组成

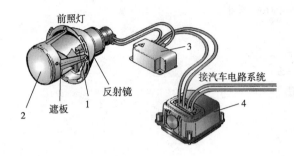

1.
2.
3.
4.

4. 警告及指示灯

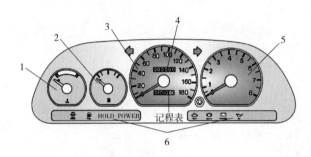

1.
2.
3.
4.
5.
6.

5. 盆形喇叭的基本构造

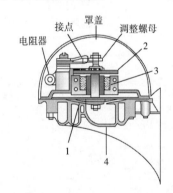

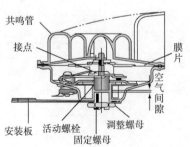

1.
2.
3.
4.

6. 电子式喇叭

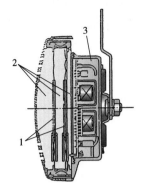

1. _____
2. _____
3. _____

单元 6
仪表与电子显示系统

一、判断题

1. 燃油表的传感器是装在仪表板上。（　　）
2. 电热偶式汽油表,油箱油量少时,传感器的电阻小。（　　）
3. 使用电热偶式或电磁线圈式的汽油表,都称为模拟式仪表。（　　）
4. 燃油箱中无油时,指针指在 F 处。（　　）
5. 温度表指针指向 H 时,表示冷却液温度过高。（　　）
6. 热敏电阻的特性是冷却液温度低时电阻小。（　　）
7. 模拟电子式车速表,是由软轴所驱动。（　　）
8. 电热偶式仪表是利用电流流经绕在热偶片上的电热线产生的热量,使热偶片弯曲,拉动仪表的指针。（　　）
9. 电子仪表适用于高精度要求的仪表。（　　）
10. 电磁线圈式汽油表,因各线圈产生磁力线的不同,使装在转子上的指针摆动。（　　）
11. 非归零式汽油表,当点火开关关闭时,表针在 0 位。（　　）
12. 脉冲式转速表是利用分电盘白金触点的开闭而作用。（　　）
13. 电热式仪表一般使用一片热偶片。（　　）
14. 如今的汽车仪表板处的报警及指示灯,常以白炽灯为照明。（　　）
15. 热敏电阻的特性是冷却液温度低时电阻大。（　　）
16. 使用电热式或电磁式的汽油表,都称为电子式仪表。（　　）
17. 如今的汽车许多仪表已被警告灯、指示灯及电子显示装置所取代。（　　）
18. 汽车运行中红色充电指示灯亮表示充电。（　　）
19. 电热式燃油表不需要配仪表电压调节器。（　　）
20. 使用仪表电压调节器的冷却液温度表和燃油表允许与电源直接相连。（　　）
21. 当冷却液温度升高到 90～105℃时,冷却液温度过高,警告灯会发亮。（　　）
22. 电热式仪表电压调节器能输出稳恒直流电。（　　）
23. 当冷却液温度低时,热敏电阻的电阻值大;当冷却液温度高时,热敏电阻的电阻值小。（　　）

二、选择题

1. 以指针显示数值的方式,称为_____。

(A)数位式 　　　　(B)电子式 　　　　(C)模拟式 　　　　(D)电动式
2. 一般模拟式汽油表、温度表,其指示器是装在_____。
　　(A)仪表板处 　　(B)燃油箱处 　　(C)水箱处 　　(D)汽缸盖处
3. 对电子式汽油表的叙述,错误的是_____。
　　(A)仪表板处为数位显示 　　　　(B)必须使用处理器
　　(C)准确度高 　　　　　　　　　(D)可变电阻式传感器送出数位信号
4. 电热偶式温度表,其传感器是采用_____。
　　(A)电位计式可变电阻 　　　　　(B)热敏电阻式
　　(C)磁电式 　　　　　　　　　　(D)光电式
5. 电子式温度表其传感器采用_____。
　　(A)电位计式可变电阻 　　　　　(B)热敏电阻式
　　(C)磁电式 　　　　　　　　　　(D)光电式
6. 一般车速表是由_____。
　　(A)曲轴所带动 　　　　　　　　(B)凸轮轴所带动
　　(C)变速器输出轴驱动的软轴所带动 (D)传动轴所带动
7. 一般车速表及电子车速表,是由_____送出信号给处理器。
　　(A)车速传感器 　　　　　　　　(B)可变电阻式传感器
　　(C)热敏电阻 　　　　　　　　　(D)冷却液温度传感器
8. 由电子控制模块控制警告灯点亮的是_____。
　　(A)机油压力警告灯 　　　　　　(B)远光指示灯
　　(C)危险警告灯 　　　　　　　　(D)ABS警告灯
9. 电热偶式仪表之前装电压调节器的作用是_____。
　　(A)使仪表承受的电压保持一定 　(B)以调节发电机电压
　　(C)使流到仪表的电流量保持一定 (D)以调节发电机的输出电流
10. 利用线圈磁力线的不同,使表针摆动的是_____。
　　(A)电热偶式仪表 　　　　　　　(B)可变电阻式仪表
　　(C)热偶片式仪表 　　　　　　　(D)电磁线圈式仪表
11. 温度表高温位置是_____。
　　(A)E 　　　　(B)C 　　　　(C)H 　　　　(D)F
12. 电子式车速表必须有_____。
　　(A)车速传感器 　(B)计数环 　(C)游丝弹簧 　(D)永久磁铁
13. 类似发动机的图案为_____。
　　(A)车门未关妥指示灯 　　　　　(B)充电警告灯
　　(C)发动机故障警告灯 　　　　　(D)驻车制动警告灯
14. 燃油箱中盛满油时,燃油表指针应指在_____。
　　(A)"0"处 　　(B)"1/2"处 　　(C)"1"处 　　(D)"2/3"处

三、填空题

1. 当冷却液温度低时,热敏电阻的电阻值_____;当冷却液温度高时,热敏电阻的电阻值_____。

2. 指示表有_____及_____两种,传感器有_____及_____两种。

3. 如今的汽车除了_____、_____、_____及_____外,为了提高对驾驶人的报警及指示作用,利用各种_____来代替仪表。

4. _____是汽车各部位的监视系统,能够让驾驶人随时了解汽车各部的运行状况,保证安全驾驶。

5. 燃油表、温度表等各种仪表是由两部分组成,一为_____或称为_____,另一为_____,两者间使用电线连接作用。

6. _____的功用是指示汽油箱的存油量,使驾驶人知道是否需要加油。

7. 热偶片是两片_____相差很大的金属片,一般使用黄铜与弹簧钢,相重叠在一起而成。

8. _____是用来指示发动机冷却液的温度,使驾驶人能知道发动机的工作温度,以防发动机过热而损坏。

9. 车速里程表可显示_____、_____及_____等信息。

10. 汽车常见仪表有_____、_____、_____、_____、_____。

11. 机油压力警告灯的作用是在发动机运转时,监测发动机_____。它由装在发动机主油道上的_____配合工作。

12. 冷却液温度表的作用是指示发动机的_____。其正常指示值一般为_____,它与装在发动机_____或_____上的水温传感器配合工作。

13. 燃油表用来指示汽车_____。它与装在_____内的燃油传感器配合工作。传感器一般为_____式。

14. 发动机转速表是用来测量_____。按其结构不同可分为_____式和_____式两种,其中_____式广泛应用。

15. 汽车常用电子显示器件大致分为_____和_____两类。

16. 如今的汽车仪表板处的报警及指示灯常以_____为照明。

17. 报警装置由_____和_____组成。

18. 如今的汽车仪表板内电路连接一般采用_____连接。

19. 接通点火开关,充电指示灯、油压警告灯应_____;发动机起动后,两者均应_____。

20. 接通点火开关,拉起驻车制动杆时,仪表板上的驻车制动灯应_____,放松驻车制动杆时,该灯应_____。

21. 当燃油箱油的存量少于规定值时,打开点火开关,则燃油不足警告灯_____。

22. 制动器摩擦片极限警告灯的作用是当制动器摩擦片磨损到_____厚度时,提示制动器摩擦片需要更换,发出报警信号。

23. 制动液不足警告灯的作用是当制动液_____时,发出报警信号,以提醒驾驶人注意。

24. 冷却液温度表有_____式、_____式和_____式。

四、简答题

1. 为什么仪表系统采用数位处理技术,但显示却采用模拟方法?

2. 电热偶式仪表其热偶片如何做温度补偿?

3. 何谓非归零式燃油表?

4. 电子控制式使警告灯点亮的方式是如何控制的?

5. 试述一般燃油表及温度表的基本组成。

6. 电热偶式仪表的电压调节器有何功能?

7. 试述电热偶式汽油表在燃油箱油量少时的作用。

8. 简述热敏电阻的特性。

9. 试述脉冲式转速表的作用。

10. 使警告灯或指示灯点亮的控制方式有哪些?

11. 试述充电警告灯的作用。

12. 简述汽车仪表板上的10种警告及指示灯。

13. 简述电子式冷却液温度表电路的组成及工作过程。

14. 简述机油压力警告灯的工作过程。

15. 简述机油压力警告灯系统的组成及工作原理。

16. 简述综合信息显示系统的原理及作用。

17. 简述阴极射线管显示器的优缺点。

18. 简述热偶片的原理。

19. 简述电磁式车速表的工作原理。

20. 简述一般里程表的工作原理。

21. 简述电热式燃油表的工作原理。

22. 简述电子车速表的原理。

23. 简述发动机转速表的作用及原理。

24. 简述一般车速表与电子车速表的异同点。

25. 试述动铁式电流表的工作原理。

26. 简述舌簧开关式制动灯电路故障警告灯工作原理。

27. 简述摩擦片使用极限警告灯的工作原理。

28. 简述仪表系统的作用及应用情况。

29. 简述一般仪表的构造与种类。

30. 简述电源电压对电热式仪表的影响。

31. 简述电压调节器的作用。

32. 简述电子仪表的优点。

33. 简述数字显示器的组成及工作原理。

34. 简述电热式燃油表的构造与工作原理。

35. 简述归零式燃油表的工作原理。

36. 简述非归零式燃油表的工作原理。

37. 简述电子式燃油表的组成及工作原理。

38. 简述冷却液温度表的作用。

39. 简述电子式车速表的组成及工作原理。

40. 简述电子车速表与一般车速表的异同点。

41. 简述机械电子式里程表的组成及工作原理。

42. 简述发动机转速表的作用。

43. 简述发动机转速表的工作原理。

44. 简述警告灯的作用。

45. 简述综合信息显示系统的组成。

46. 简述触摸键盘的作用及工作原理。

47. 简述组合仪表的拆装技术标准与要求。

48. 简述组合仪表拆装步骤。

49. 简述主要仪表的检查技术标准与要求。

50. 简述燃油表检查方法。

51. 简述冷却液温度表的检查方法。

52. 简述机油压力开关检查方法。

53. 简述充电指示灯检查方法。

54. 简述制动液开关检查方法。

55. 简述驻车制动开关检查方法。

56. 简述车门开关检查方法。

57. 简述车速表、里程表的检查方法。

58. 简述转速表检查方法。

五、看图填空

1. 一般指针型仪表

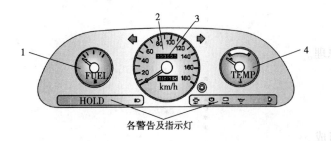

1. _____
2. _____
3. _____
4. _____

2. 电子仪表

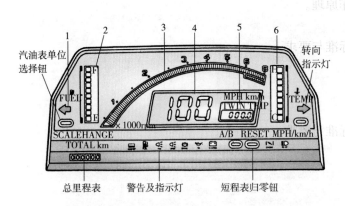

1. _____
2. _____
3. _____
4. _____
5. _____
6. _____

3. 电热式配合可变电阻传感器的构造与作用

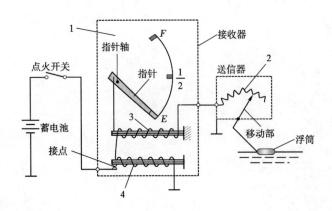

1. _____
2. _____
3. _____
4. _____

4. 电热式配合热敏电阻的温度表组成

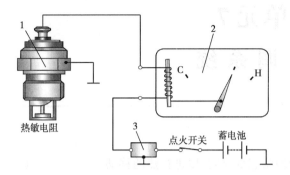

1. _____
2. _____
3. _____

5. 各种报警及指示灯

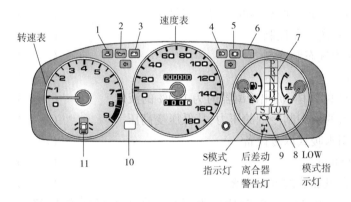

1. _____
2. _____
3. _____
4. _____
5. _____
6. _____
7. _____
8. _____
9. _____
10. _____
11. _____

6. 车速表及里程表的位置

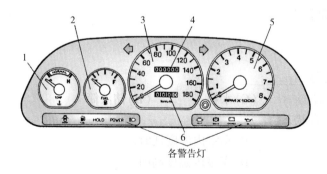

1. _____
2. _____
3. _____
4. _____
5. _____
6. _____

单元 7 空调系统

一、判断题

1. 制冷剂在液体→气体→液体等物理状态变化间,以进行热的移动。（　　）
2. 空调压缩机是使低压液体制冷剂变成高压液体制冷剂。（　　）
3. 冷凝器通常装在仪表板下方。（　　）
4. 检查制冷剂的检视窗是装在储液筒上。（　　）
5. 暖气系统采用最多的是控制送往暖气散热器的冷却液流量。（　　）
6. 冷气压缩机是否运转是由电磁离合器控制。（　　）
7. 冷凝器是将液态制冷剂转换为气态制冷剂。（　　）
8. R134a 制冷剂中不含氯化物。（　　）
9. 制冷剂进入冷凝器时为 100% 的气体,流出冷凝器时为 100% 的液体。（　　）
10. 膨胀阀节流小孔将改变流入的液态制冷剂的压力,从低压变高压。（　　）
11. 目前绝大部分轿车上都采用水暖式取暖设备。（　　）
12. 空调滤芯的更换周期为 5000km。（　　）
13. 前后风窗玻璃一般都采用暖风加热的方法除雾。（　　）
14. 空调运行时,低压管路压力 0.15 ~ 0.25MPa 为正常;高压管路压力 1.37 ~ 1.57MPa 为正常。（　　）
15. 暖风系统采用最多的是控制送往暖气散热器的制冷剂流量。（　　）
16. 采用液态加注法补充制冷剂时,制冷剂从低压管路注入,高压表侧管路关闭,制冷剂罐正置。（　　）
17. 检查制冷剂的观察窗装在冷凝器上。（　　）

二、选择题

1. 下列选项不是冷气系统机件的是_____。
   (A)冷凝器　　(B)蒸发器　　(C)水箱　　(D)储液筒
2. 当_____电磁离合器在结合状态。
   (A)制冷剂压力过高时　　(B)车室内温度低时
   (C)制冷剂泄漏压力太低时　　(D)车室内温度高时
3. 下述选项不是储液干燥器功能的是_____。
   (A)使气体制冷剂转为液体制冷剂　　(B)暂时储存制冷剂
   (C)送出液态制冷剂　　(D)观察制冷剂流动情形

4. 如今的小汽车冷气系统的制冷剂均使用_____。
   (A)R12　　　　(B)F12　　　　(C)R134a　　　　(D)R114a
5. 下述冷气系统部件不是装在车室内的是_____。
   (A)冷凝器　　　(B)蒸发器　　　(C)膨胀阀　　　(D)鼓风机
6. 控制适当制冷剂量给蒸发器的是_____。
   (A)压缩机　　　(B)膨胀阀　　　(C)储液筒　　　(D)毛细管
7. 下列设备中不属于汽车空调制冷系统的是_____。
   (A)压缩机　　　(B)鼓风机　　　(C)冷凝器　　　(D)蒸发器
8. 关于 R134a 制冷剂的特性,说法错误的是_____。
   (A)R134a 制冷剂的分子式为 CH_2FCF_3,是卤代烃类制冷剂中的一种
   (B)R134a 制冷剂与 R12 制冷剂相比,其热力学性能(包括分子量、沸点、临界参数、饱和蒸气压和汽化潜热等)均与 R12 相近,因此可以互换使用
   (C)无色、无刺激性臭味,一般情况下不具有毒性,对人体没有直接危害
   (D)不燃烧、无爆炸危险;热稳定性好
9. 下列关于压缩机的结构和性能上的特殊要求的说法,错误的是_____。
   (A)制冷能力要强
   (B)体积和质量要大,制冷效果好
   (C)在高温和颠振的情况下能正常工作
   (D)启动运转平稳、噪声低、工作可靠
10. 下列作用中不属于膨胀阀的作用的是_____。
    (A)节流作用　　(B)调节作用　　(C)控制作用　　(D)膨胀作用

三、填空题

1. 储液干燥器由储液干燥器体、_____、_____、_____和_____等构成。
2. 冷凝器的结构形式主要有_____、_____和_____三种。
3. 汽车空调制冷系统主要由压缩机、_____、_____、_____、_____、_____、_____等组成。
4. 汽车空调制冷系统的工作原理可分为_____、_____、_____、_____四个过程。
5. 压缩过程是空调压缩机吸入蒸发器出口处的_____制冷剂气体,把它压缩成_____气体排出压缩机,经管道进入冷凝器。
6. 节流过程是温度和压力较高_____的制冷剂通过膨胀装置后体积变大,压力和温度急剧下降,以_____排出膨胀装置。
7. 吸热过程是_____制冷剂液体进入蒸发器,由于压力急剧下降,达到饱和蒸汽压力,液态制冷剂_____。_____中吸收大量的蒸发器表面热量,变成_____后,再次循环进入压缩机。
8. 放热过程是_____的过热制冷剂气体进入冷凝器后,由于温度的降低,达到制冷

剂的饱和蒸汽温度,制冷剂气体_____,并放出大量的液化气热。

9. 压缩机有两个重要的功能:一是_____,二是_____,两种功能同时完成。
10. 空调压缩机一般都是由汽车发动机驱动,其结构形式有_____、_____、_____等。随着汽车空调技术的发展,又出现了连续变化式_____压缩机。
11. 冷凝器的作用是对压缩机排出_____的制冷剂蒸汽散热降温,使其凝结为_____制冷剂。
12. 膨胀阀节流小孔将改变流入的液态制冷剂的压力,从_____变_____。
13. 安装在膨胀阀体上的恒温控制阀按照要求改变_____来控制通过节流孔的液态制冷剂_____。
14. H形膨胀阀有4个接口通往汽车空调系统,其中两个接口和普通膨胀阀一样,一个接_____,一个接_____,但另两个接口,一个接_____,一个接_____。
15. 目前,汽车空调制冷系统使用的制冷剂通常有_____和_____两种。
16. 在制冷系统中,R12的含水量不得超过_____。若制冷系统中有水,就会在膨胀阀形成_____,堵塞制冷系统的循环通道,从而使空调的制冷系统失效。
17. 由于_____对大气臭氧层有很强的破坏作用,因此,在目前生产的汽车空调制冷系统中已经被_____所替代。
18. 按黏度的不同,国产冷冻润滑油牌号有_____、_____、_____和_____四种,牌号越大,其黏度也越大。进口冷冻润滑油有_____、_____、_____三种牌号。
19. 水暖式采暖系统实为两大部分,即_____和_____。
20. 汽车空调采暖系统的主要组成部件有_____、_____和_____等。此外,其他部件有冷却液循环管路、采暖通道、风门控制电动机等。
21. 热水阀也称_____,它安装在发动机冷却液通道中,用于控制进入_____的发动机冷却水的流量。
22. 电动鼓风机总成由_____和_____组成,根据空气流动方向的不同,风扇可分为_____和_____两种。
23. 汽车空调的通风方式一般有_____、_____和_____三种。
24. 汽车空调系统采用的空气净化装置通常有_____和_____两种。
25. 通风系统原理一般由3个阶段构成,第一阶段为_____,第二阶段为_____,第三阶段为_____。
26. 空气进入段,主要由_____、_____和_____组成,用来控制_____和_____车内再循环空气的进入。
27. 空气混合段,主要由_____、_____、_____及_____组成,用来调节所需空气的温度。
28. 空气分配段主要是控制空调吹出风的_____和_____,主要由_____、_____及_____组成,分别使空气吹向面部、脚部和风窗玻璃上。

29. 前风窗玻璃一般采用_____的方法除雾,而后风窗玻璃通常采用_____的方法除雾。

四、简答题

1. 空调压缩机有何功用?

2. 试述蒸发器的作用原理。

3. 冷气压缩机电磁离合器如何作用?

4. 在哪种状况下空调压缩机的电磁离合器是在分离状态?

5. 试述冷凝器的功用。

6. 何谓 R12 制冷剂?为何禁用?

7. 简述汽车空调制冷系统工作原理。

8. 对压缩机有哪些特殊要求?

9. 简述储液干燥器的作用。

10. 简述膨胀阀的作用。

11. 简述 H 形膨胀阀的结构及特点。

12. 简述节流管的结构与特点。

13. R12 制冷剂的特性有哪些?

14. 冷冻油的作用有哪些?

15. 空调制冷系统对冷冻油的性能要求有哪些?

16. 简述采暖系统的功能。

17. 简述汽车空调水暖式采暖系统的工作原理。

18. 为什么汽车空调需要装备空气净化器？

19. 简述制冷系统抽真空的步骤。

20. 制冷系统充注制冷剂有哪些方法？

21. 加注空调制冷剂的注意事项有哪些？

22. 简述空调系统制冷剂充注的基本过程。

23. 简述汽车空调系统的功用及组成。

24. 简述汽车空调制冷系统的组成。

25. 简述汽车空调制冷系统的压缩过程。

26. 简述汽车空调制冷系统的放热过程。

27. 简述汽车空调制冷系统的节流过程。

28. 简述汽车空调制冷系统的吸热过程。

29. 简述空调压缩机的功能及形式。

30. 简述膨胀阀的工作原理。

31. 简述制冷剂的种类及命名方法。

32. 简述冷冻油的牌号。

33. 简述汽车空调采暖系统的作用。

34. 简述汽车空调采暖系统的工作原理。

35. 简述汽车空调采暖系统的组成。

36. 简述热水阀的作用及工作情况。

37. 简述电动鼓风机的组成及形式。

38. 简述加热器芯的结构与作用。

39. 简述汽车空调通风配气系统的作用。

40. 简述空气净化装置的种类及各自的特点。

41. 简述通风系统的原理。

42. 为何要采用风窗玻璃防雾装置？

43. 简述风窗玻璃防雾装置的种类及组成。

44. 简述更换空调滤芯技术标准与要求。

45. 简述更换空调滤芯操作步骤。

46. 简述加注空调系统制冷剂技术标准与要求。

47. 如何确定制冷剂的加注量符合规定？

五、看图填空

1. 空调制冷系统的组成

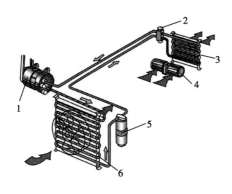

1. _____
2. _____
3. _____
4. _____
5. _____
6. _____

2. 空调系统的布置

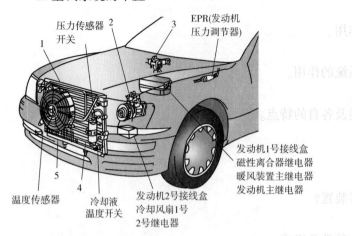

1. _____
2. _____
3. _____
4. _____
5. _____

3. 膨胀阀的工作过程

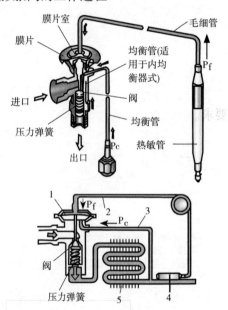

1. _____
2. _____
3. _____
4. _____
5. _____

4. 热水循环回路

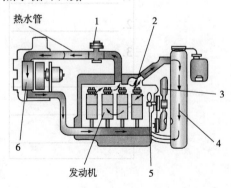

1. _____
2. _____
3. _____
4. _____
5. _____
6. _____

单元 8
辅助电气设备

一、判断题

1. 三电刷式刮水器电动机,是由电刷位置控制转速。 （   ）
2. 刮水器的间歇作用,是在电路上多装了一个间歇继电器。 （   ）
3. 永久磁铁式刮水器电动机,与搭铁电刷相邻的电刷为低速用电刷。 （   ）
4. 间歇作用的刮水器,间歇时间不可调整。 （   ）
5. 电动车窗的电动机可做不同方向转动。 （   ）
6. 碰撞传感器装在汽车前方时,为传感器整体式的气囊系统。 （   ）
7. 气囊不须配合安全带使用就能发挥确实效果。 （   ）
8. 中央控制门锁可控制四个车门一起开或闭。 （   ）
9. 如今的汽车刮水器多采用线圈式直流电动机。 （   ）
10. 如今的汽车的电动车窗常使用可左右旋转的串联式电动机操作。 （   ）
11. 为保护乘员,气囊必须要求完全密封。 （   ）
12. 安全气囊的保护作用在不系安全带时比系安全带时的效果更好。 （   ）
13. 碰撞传感器其实就是安全传感器。 （   ）
14. 在安全气囊主电路中,主传感器与安全传感器有一个接通时,气囊就会作用。 （   ）
15. 安全开关的作用是当气囊总成的固定螺钉拆下时,使 SRS 机构的主电路成为断路,以防止气囊误动。 （   ）
16. 汽车发生撞击,致使蓄电池接头脱落时,安全气囊将不能再起到保护作用。 （   ）

二、选择题

1. 如今的汽车都是采用_____刮水器电动机。
   (A)永久磁铁式　　(B)双速复联式　　(C)单速复联式　　(D)线圈串联式
2. 刮水器能停在固定位置是靠_____。
   (A)蜗轮　　　　(B)磁场线圈　　　(C)凸轮板　　　　(D)电枢
3. 一般前风窗玻璃刮水片动作的动力传递顺序为_____。
   (A)电动机→刮水器
   (B)电动机→刮水器臂→刮水器片
   (C)电动机→连杆→刮水器臂→刮水器片
   (D)电动机→刮水器臂

4. 刮水器开关上"间歇"的位置是写_____。
   (A)Hi　　　　(B)WS　　　　(C)Low　　　　(D)INT

5. 如今的汽车最常用的刮水器片摆动速度为_____。
   (A)单速式　　(B)双速式　　(C)间歇及双速式　(D)无段变速式

6. 当汽车发生撞击时,使气体发生器点火装置点火的是 ECU 内的_____。
   (A)升压电路　(B)辅助电路　(C)主电路　(D)自诊断电路

7. 气囊的整个动作时间在_____s 内即完成。
   (A)0.1　　　　(B)0.3　　　　(C)0.5　　　　(D)1

8. 电动座椅的功能有_____。
   (A)前后移动　　　　　　(B)前端升降或后端升降
   (C)前后端同时升降　　　(D)以上都对

9. 目前使用的刮水器多数是_____。
   (A)对向连动式　　　　　(B)平行连动式
   (C)单臂式　　　　　　　(D)以上说法都不对

10. 在讨论气囊胀开回路时,甲说如果起爆传感器触点闭合,该传感器就接通充气器到地线的电路;乙说如果两个判别传感器的触点闭合,气囊就胀开。试问谁正确?_____。
    (A)甲正确　　(B)乙正确　　(C)两人均正确　　(D)两人均不正确

三、填空题

1. 电动车窗,是指以电为动力使车窗玻璃_____的门窗。电动车窗一般由车窗、_____、_____、开关等装置组成。

2. 刮水器可分为_____、_____和_____,目前使用的刮水器多数是_____。

3. 刮水器是由_____、涡轮箱、曲柄、连杆、摆杆和_____等部分组成。

4. 电动座椅具有_____、_____及_____的功能。

5. 中央门锁主要由_____、_____、_____、_____等组成。

6. 车门门锁驱动装置常见的有_____和_____两种。

7. 门锁控制器是为_____提供上锁、开锁脉冲电流的控制装置。门锁控制器常用形式有_____、_____、_____三种形式。

8. 汽车音响主要由_____、_____和_____等部分组成。

9. 汽车用天线为_____,手动或电动天线均可_____。如今的部分汽车多采用_____天线。

10. 所谓传感器分离式是指_____不与_____装在一起。

11. 安全气囊的全称为汽车安全辅助气囊系统,又称_____。

12. 电子式安全气囊系统主要由_____、_____、_____和_____等组成。

13. 传感器整体式安全气囊的碰撞传感器称为_____与_____,与 SRS 计算机等合装在 SRS 机构内。

14. 下雨或下雪时,为保持良好的视线,前及后风窗玻璃上均装有_____,以扫除玻璃上的积水或积雪。

15. 目前汽车使用的洗涤器均为电动式,包括储水箱、水管及_____等部分,电动机(永久磁铁式)及_____装在储水箱上。

16. 传感器分离式的电子控制式气囊系统的组成,由左侧及右侧_____、_____、_____、_____、SRS 警告灯及配线等所组成。

四、简答题

1. 简述车门门锁及门锁传动机构的组成及工作过程。

2. 简述中控门锁控制电路的组成及作用。

3. 为何要设置间歇动作式刮水器?

4. 间歇动作式刮水器与一般刮水器在构造上有何同异点?

5. 为何要设置风窗玻璃清洗器?

6. 何谓传感器分离式气囊系统?

7. SRS 计算机内主电路、辅助电路及升压电路的功用分别是什么?

8. 试述气囊的动作时间。

9. 电动窗的电动机如何作用?

10. 试述气体发生器的作用过程。

11. 何谓传感器整体式的气囊系统?

12. 试述后窗除雾热线装置的组成。

13. 电动座椅有哪些功能?

14. 简述电动刮水器的分类及特点。

15. 简述刮水器的组成及工作过程。

16. 如何检查刮水器？

17. 如何调整洗涤器喷射角度？

18. 如何拆装刮水片？

19. 如何检查刮水器电动机电路？

20. 何谓内后视镜，内后视镜有何作用？

21. 简述气囊发生器的组成及工作过程。

22. 简述刮水器的作用与分类。

23. 简述刮水器的结构。

24. 简述刮水器的工作原理。

25. 简述刮水器的挡位情况。

26. 简述检查或更换刮水器电动机、刮水片技术要求与标准。

27. 如何进行刮水片安装后的性能测试？

28. 简述中央控制门锁装置的功用。

29. 简述中央门锁的组成。

30. 简述门锁控制开关的功用。

31. 简述钥匙控制开关的功能。

32. 简述门锁位置开关的功用。

33. 简述门锁执行机构的功用。

34. 简述门锁控制器的功用。

35. 简述遥控发射器的功用。

36. 简述遥控器控制的工作过程。

37. 简述汽车音响的组成。

38. 简述汽车用 CD 碟机的特点。

39. 简述汽车天线的特点。

40. 简述汽车安全气囊系统的作用。

41. 为什么气囊背面会开有两个用于泄气的圆孔？

42. 简述机械式安全气囊系统的组成及特点。

43. 简述电子式安全气囊系统的组成及特点。

44. 何谓传感器分离式电子式安全气囊系统？由哪几部分组成？

45. 简述气体缓冲式碰撞传感器的组成及工作原理。

46. 简述滚柱式碰撞传感器的组成及工作过程。

47. 简述 SRS 计算机的组成。

48. 简述 SRS 计算机主电路的组成及作用。

49. 简述 SRS 计算机辅助电路的作用。

50. 简述 SRS 计算机升压电路的作用。

51. 简述 SRS 计算机自诊断电路的作用。

52. 简述气囊的组成及作用时间。

53. 简述传感器整体式的电子控制式气囊系统的组成。

54. 简述传感器整体式的电子控制式气囊系统与传感器分离式的电子控制式气囊系统的不同点。

五、看图填空

1. 刮水器的结构

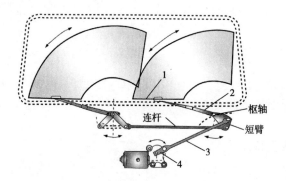

1. _____
2. _____
3. _____
4. _____

2. 风窗玻璃洗涤器系统

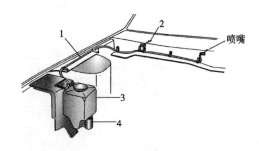

1. _____
2. _____
3. _____
4. _____

3. 电动后视镜的结构

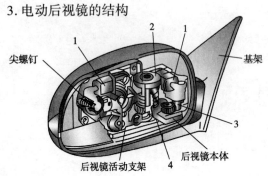

1. _____
2. _____
3. _____
4. _____

4. 遥控门锁系统工作原理示意图

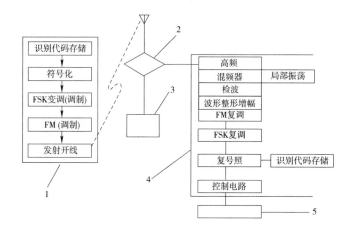

1. _____
2. _____
3. _____
4. _____
5. _____

5. 传感器分离式的电子控制式气囊系统的组成

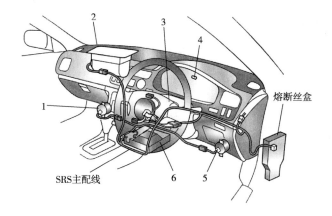

1. _____
2. _____
3. _____
4. _____
5. _____
6. _____

6. 气囊的安装位置

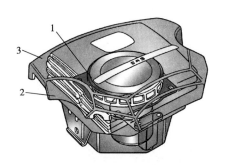

1. _____
2. _____
3. _____

7. 传感器整体式的电子控制式气囊系统的组成

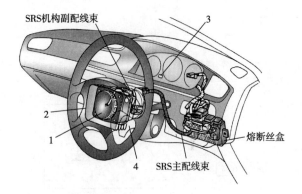

1. _____
2. _____
3. _____
4. _____

8. SRS 机构内部构造

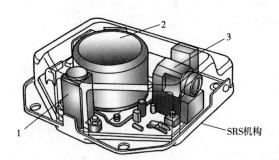

1. _____
2. _____
3. _____

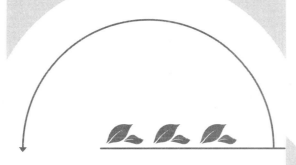

答案部分

单元1　汽车电气设备的基本知识
单元2　电源系统
单元3　起动系统
单元4　点火系统
单元5　照明与信号系统
单元6　仪表与电子显示系统
单元7　空调系统
单元8　辅助电气设备

单元1 汽车电气设备的基本知识

一、判断题

1.×(负极);2.×(直流);3.×(还可测试其他性能);4.√;5.√;6.×(还有单色线);7.×(不全都);8.×(很小);9.√;10.×(不可以);11.√;12.×(开关);13.√;14.√;15.√;16.×(汽车电气设备由电源系统、用电设备和配电装置三部分组成);17.√;18.×(并联工作);19.√;20.√;21.×(电压稳定);22.√;23.√;24.√;25.√;26.√;27.√;28.√;29.×(12V);30.×(单线制);31.√;32.√;33.√;34.×(保护作用)35.×(大);36.√;37.√;38.√;39.×(可重复);40.√;41.×(不工作时是断开的,继电器线圈通电后触点是接通的);42.×(不工作时是闭合的,继电器线圈通电后触点才打开)43.√;44.√;45.√;46.√;47.×(现在,数字式测量仪表已成为主流,有取代模拟式仪表的趋势);48.×(这个值越小,表头的灵敏度越高);49.×(内阻越大,其性能就越好);50.√;51.√;52.×(应先拨至万用表最高量程挡测量);53.×(所选量程过低);54.×(并联);55.×(串联);56.×(不必);57.×(禁止);58.×(15A);59.√;60.√;61.√;62.√;63.×(1/10);64.×(示波器);65.×(正负极在连接状态叫"车内",正负极在断开状态叫"车外");66.√

二、选择题

1.D; 2.D; 3.B; 4.B; 5.C; 6.A; 7.C; 8.C; 9.B; 10.D; 11.D; 12.C; 13.C; 14.D; 15.B; 16.A; 17.C; 18.C; 19.B; 20.A; 21.A; 22.A; 23.D; 24.C; 25.D

三、填空题

1.蓄电池、发电机、调节器;2.产生高压电火花、传统点火系、电子点火系之分、点火线圈、点火器、分电器总成、火花塞;3.低压、直流、单线制、负极搭铁;4.插接器;5.模拟式、数字式;6.常开继电器、常闭继电器、常开及常闭混合继电器;7.导线、线束、熔断器、插接器、各种开关、继电器;8.起动系统、点火系统、照明系统、信号系统、仪表及报警系统、辅助电器系统、汽车电子控制;9.中央接线盒、熔断器、继电器、电线束及插接件、电路开关;10.保护、超过规定的最大电流、熔断、切断、限制在最小范围内;11.插头、插座、线束与线束、导线与导线、闭锁装置、闭锁、拉开;12.仪表板、各开关、颜色;13.电路原理图、电路定位图;14.高压电输送、铜芯线、阻尼线、15kV;15.规整、方便安装、绝缘层、线束;16.高压导线、普通导线、起动电缆、搭铁电缆;17.电气定位图;18.电路图、电源、熔断器、继电器、开关、继电器盒;19.温度、20℃、1.5℃、0.001;20.选择导线、太小、差、0.5mm²;21.并联、蓄电池、发电机;22.调节器、输出电压;23.起动机、控制电路;24.传统点火系、电子点火系、点火线圈、点火器、分电器总成、火花塞;25.车内外各种照明灯、控制装置、夜间行车安全;26.电喇叭、蜂鸣器、闪光器;27.电压(电流)表、机油压力表、冷却液温度表、燃油表、车速及里程表、发动机转速表、气压表;28.电动刮水器、空调系统、车窗玻璃电动升降器、电动座椅、防盗系统、收录机;29.电控燃油喷射系统(EFI)、电控点火系统(ESA)、电控自动变速器(ECT)、制动防抱死装置(ABS)、电控悬架系统(EMS)、自动空调;30.颜色、字母;31.数据总线;32.直流电流、愈高;33.越好、

34. 串联、并联

四、简答题

1. 汽车用电设备主要由以下部分组成：

(1)起动系统；(2)点火系统；(3)照明系统；(4)信号系统；(5)仪表及报警系统；(6)辅助电器系统；(7)汽车电子控制系统。

2. 汽车万用表具有以下功能：

(1)交直流电压的测量；(2)交直流电流的测量；(3)电阻的测量；(4)测量频率；(5)测试二极管；(6)测量温度；(7)测量转速；(8)测量触点闭合角。

3. 使用密度计测量蓄电池电解液密度时，需要注意以下问题：

(1)测量蓄电池各分电池的密度时，密度计保持在各分电池上方读取读数，以免电解液滴落在蓄电池外面。

(2)密度计使用时必须保持垂直，以免浮子与密度计玻璃外壳碰触。

(3)电解液密度测量后，必须做温度校正，才是正确的密度值。

(4)测量过程中注意衣服及皮肤勿触及电解液，必要时以清水冲洗。

4. 汽车电气系统的组成：由电源系统、用电设备和配电装置三部分组成。

汽车电气系统的特点：

(1)低压。汽车采用低压直流电，现代汽车的标称电压有12V和24V两种。目前汽油车普遍采用12V电源系统。

(2)直流。汽车起动机的电源是蓄电池，当蓄电池的电能消耗完后必须用直流电进行充电，所以汽车电气系统为直流系统。

(3)单线制。现代汽车普遍采用单线制，即是从电源到用电设备使用一根导线连接；而另一根导线则由汽车车身或发动机机体代替，作为电气回路的连接方式，单线制不仅节约导线，使线路简化、清晰，而且也便于安装和检修。

(4)负极搭铁。采用单线制时，蓄电池的一个电极接到车身上，俗称"搭铁"。蓄电池的负极与车身相连，就称为负极搭铁；反之，若蓄电池的正极与车身相连接，则称为正极搭铁。按国家标准，国产汽车电气系统统一规定为负极搭铁。

5. 安装汽车线束时，通常将仪表板、各开关连接好，然后往汽车上安装。根据导线的颜色分别连接到相应的电器上，每个线头连接都必须牢固可靠，且接触良好。线束不可拉得太紧，尤其在拐弯处更需注意，在绕过锐角或穿过洞口时，应用橡胶、毛毡类的垫子或护套保护，以防磨损线束。

6. 汽车电路图可分为电路原理图和电路定位图。

电路原理图是用图形符号按工作顺序或功能布局绘制的，详细表示汽车电路的全部组成和连接关系，不考虑实际位置的简图。

电路定位图用于指示各电器及导线的具体位置。一般采用绘制的立体图或实物照片的形式，立体感强，能直观、清晰地反映电器元件在车上的实际位置。电路定位图在某些车型中还进一步划分为线束图、电气定位图、连接器插脚图、接线盒平面布置图等。

7. 电路图识读要点如下：

(1)先看全图，善于化整为零。

(2)认真阅读图注。

(3)熟悉线路的配线和颜色标记。

(4)注意开关的作用。

(5)熟记回路原则和搭铁极性。

(6)了解继电器的工作状态。

(7)通过分析典型电路,达到触类旁通。

(8)熟记各局部电路之间的内在联系和相互关系。

(9)先易后难。

(10)注意搜集资料和经验积累。

8. 使用万用表的注意事项有:

(1)如果无法预先估计被测电压或电流的大小,则应先拨至最高量程挡测量一次,再视情况逐渐把量程减小到合适位置。测量完毕,应将量程开关拨到最高电压挡,并关闭电源。

(2)满量程时,仪表仅在最高位显示数字"1",其他位均消失,这时应选择更高的量程。

(3)测量电压时,应将数字万用表与被测电路并联。测电流时应与被测电路串联,测直流量时不必考虑正、负极性。

(4)当误用交流电压挡去测量直流电压,或者误用直流电压挡去测量交流电压时,显示屏将显示"000",或低位上的数字出现跳动。

(5)禁止在测量高电压(220V以上)或大电流(0.5A以上)时换量程,以防止产生电弧,烧毁开关触点。

(6)检测直流电流(DC)时,不得检测高于15A的电流。虽然汽车万用表可能显示更高的电流值,但有可能损坏其内部线路。

(7)当显示"BATT"或"LOW BAT"时,表示电池电压低于工作电压。

9. 蓄电池测试器的测试项目有:

(1)12V蓄电池的起动测试。

(2)电器及电路系统测试。

(3)起动机测试。

(4)发电机输出电压测量。

(5)发电机输出与电器负荷间的平衡检查。

(6)充电电流测量。

10. 充电机使用时的注意事项有:

(1)充电机与蓄电池的距离应保持1m以上。

(2)蓄电池的加水通气盖必须打开,但慢速充电时可不打开盖子。

(3)充电中火花不可靠近充电区。

(4)必须使用500W以上的专用线束插座,不可使用一般的电灯线束插座。

(5)充电中电解液温度升高至45℃时,充电电流必须降低。

(6)蓄电池密度在1.25g/cm^{3}以下时应充电。

11. 电源系统包括蓄电池、发电机及调节器。发电机与蓄电池并联工作,发动机不工作时由蓄电池供电,发动机起动后,转由发电机供电。在发电机给用电设备供电的同时,也给蓄电池充电。发电机配有调节器,其主要作用是在发电机转速变化时,自动保持发电机输出电压稳定。

12.(1)起动系统。(2)点火系统。(3)照明系统。(4)信号系统。(5)仪表及报警系统。(6)辅助电器系统。(7)汽车电子控制系统。

13.汽车上采用直流电气系统,其主要原因是发动机靠电力起动机起动,而起动机的电源是蓄电池,当蓄电池的电能消耗完后必须用直流电进行充电,所以汽车电气系统为直流系统。

14.单线制即是从电源到用电设备使用一根导线连接,而另一根导线则由汽车车身或发动机机体代替,作为电气回路的连接方式。单线制不仅节约导线,使线路简化、清晰,而且也便于安装和检修,现代汽车普遍采用单线制,但在某些汽车上,有些不能形成可靠的电气回路的地方,或多或少的存在着双线制。

15.采用单线制时,蓄电池的一个电极接到车身上,俗称"搭铁"。蓄电池的负极与车身相连,就称为负极搭铁;反之,若蓄电池的正极与车身相连接,则称为正极搭铁。

16.随着汽车电气设备的增多,导线的数量不断增加,为了使全车线路规整、安装方便及保护导线的绝缘,汽车上的全车线路除高压线、蓄电池的电缆外,一般都将同区域的不同规格的导线用棉纱或薄聚氯乙烯带缠绕包扎成束,又称为线束。一般汽车的线束分为发动机线束、仪表线束、车身线束等。

17.当电路中流过的电流超过规定的最大电流时,熔断器的熔丝自身发热而熔断,切断电路,以防止烧坏电路连接导线和电器设备,把故障限制在最小范围内,通常情况下,熔断器集中安装,即将很多熔断器组合在一起安装在熔断器盒内,并在熔断器盒盖上注明各熔断器的名称、额定容量和位置。

18.电路原理图重点表达各电气系统电路的工作原理,既可以是全车电路图,也可以是各系统电路原理图,尽管各汽车制造公司的表达方式不一,但一般都具有以下特点:

(1)对全车电路有完整的概念。它既是一幅完整的全车电路图,又是一幅互相联系的局部电路图,重点、难点突出,繁简适当。

(2)用电气图形符号表达各电器元件。一般通过这些符号可了解该电器元件的基本结构和作用。

(3)图上建立起电位高低的概念。

(4)各电器元件不再按在车上的安装位置布局,而是依据工作原理,在图中合理布局,使各系统处于相对独立的位置,从而易于对各用电设备进行单独的电路分析。

(5)各电器元件旁边通常注有元件名称及代码。

(6)电路原理图中所有开关及用电器均处于不工作的状态。

(7)导线一般标注颜色和规格代码,有的车型还标注该导线所属电气系统的代码,根据以上标注,易于对照定位图找到该元件或导线在车上的位置。

19.在所有的开关中,点火开关最为重要,它控制着充电系统、点火系统、起动系统以及绝大多数的辅助电器设备。点火开关有5个挡位,分别为锁止挡(LOCK)、关闭挡(OFF)、附件挡(ACC)、运行挡(ON)及起动挡(START)。

大部分车型点火开关的锁体都具有锁止转向盘的功能,同时还具有防止误起动的功能。

点火开关只能从 OFF 挡开始拧到起动挡,当打不着火或发动机熄火时,若要重新起动发动机,必须将点火开关拧回到 OFF 挡,然后从 OFF 挡→ON 挡→ST 挡。

20. 为了显示一个波形,必须时要对示波器做如下设定:

(1)电压比例。屏幕上显示的单格电压幅值,电压比例不同,显示波形的高低不同。

(2)时基。单格时间的长短,时基不同,波形的疏密程度不同。

(3)触发电平(也可以将触发模式置于"自动"挡)。

(4)耦合方式(AC 交流、DC 直流或 GND 搭铁)。

21. 继电器是间接开关,由触点和线圈组成。一般的开关通过触点的电流较小,不能控制工作电流较大的用电设备,常采用开关控制继电器线圈的接通和断开,继电器线圈控制继电器触点,继电器触点控制用电设备的工作。

汽车上的继电器很多,常见的有三种:常开继电器、常闭继电器、常开及常闭混合继电器。

(1)常开继电器。触点在继电器不工作时是断开的,继电器线圈通电后触点才接通。

(2)常闭继电器。触点在继电器不工作时是闭合的,继电器线圈通电后触点才打开。

(3)混合型继电器。在继电器不工作时,常闭触点接通,常开触点断开,当继电器线圈通电时,则变为相反状态。

22. 示波器主要有如下功能:

(1)测试各种传感器、执行元件、电路和点火系等电压波形。

(2)数字式示波器具有汽车万用表功能,可测试电压、电阻、闭合角、喷油脉冲、喷油时间、点火电压等。有的示波器内部还存有汽车数据库和标准波形,使判断故障更为方便。

(3)数字式示波器可对测试内容进行记录、回放。

(4)能提供在线帮助,包括提供系统工作原理、测试连接方法、接线颜色等。

23. 随着汽车用电设备的增多,导线的数量也不断增加,为了维修及安装方便,除各线束间的插接器不同外,各用电设备之间线束中的导线颜色也是不同的。这样当汽车电路出现故障时,根据电路图上导线的标注,就可以很方便地从线束中找到相应的导线。

24. 根据需要将量程开关拨至 DCV(直流)或 ACV(交流)的合适量程,红表笔插入 V/Ω 孔,黑表笔插入 COM 孔,并将表笔与被测线路并联,读数即显示。

25. 将量程开关拨至 DCA(直流)或 ACA(交流)的合适量程,红表笔插入 mA 孔(<200mA 时)或 10A 孔(>200mA 时),黑表笔插入 COM 孔,并将万用表串联在被测电路中即可。测量直流电时,数字万用表能自动显示极性。

26. 将量程开关拨至 Ω 的合适量程,红表笔插入 V/Ω 孔,黑表笔插入 COM 孔。如果被测电阻值超出所选择量程的最大值,万用表将显示"1",这时应选择更高的量程。测量电阻时,红表笔为正极,黑表笔为负极,这与指针式万用表正好相反。因此,测量晶体管、电解电容器等有极性的元器件时,必须注意表笔的极性。

27. 将红色表笔插入面板电压/频率(Hz)插座中,黑色表笔插入面板 COM 插座。将红、黑表笔与被测电路上的触点连接。把"转换开关"置于 Hz 量程,把两个表笔跨接在电源或负载的两端。读取两点之间的频率数值。

28. 红色表笔插入面板中的电压/欧姆插座中,把黑色表笔插入面板中的 COM 插座中。

将"转换开关"置于二极管符号的挡位上,并将测试表笔跨接在被测二极管上(或接在待测线路的两端)。读取测量数值。

29. 将"转换开关"旋转到温度(℃或T)挡位置上。把汽车万用表配备的测量温度的特殊插头插到面板的温度测试插座内,表针与被测温度的部位接触。温度稳定后,读取测量值。

30. 将"转换开关"旋转到转速(RPM或RPM×10)挡位置上。将感应夹(传感器)的红色表笔插入面板中的电压/欧姆插座内,黑色表笔插入COM插座内,感应夹(传感器)夹在通往火花塞的高压线上,其上方的箭头应指向火花塞。按下转速选择键,根据被测发动机的冲程数和有无分电器,选择"4"或"2/DIS"。读取发动机转速值。

31. 根据被测试发动机的汽缸数量,将"转换开关"旋转到触点闭合角区域中对应的缸(4CYL、5CYL、6CYL或8CYL)位置上。将红色表笔插入面板中的电压/闭合角插座中,把黑色表笔插入面板中的RPM插座中,并将红、黑表笔连接到被测电路上。读取触点闭合角度值。

32. 蓄电池测试仪使用注意事项如下:
(1)接线时注意正负极不要接反。
(2)注意选择正确的测量模式和蓄电池标准。
(3)如需打印结果,测试前确认打印纸是否正常。

33. 下列蓄电池不适用快速充电:
(1)使用时间已较久的蓄电池。
(2)硫化的蓄电池。
(3)久未使用的蓄电池。

34. 充电机使用的注意事项有:
(1)充电机与蓄电池的距离应保持1m以上。
(2)蓄电池的加水通气盖必须打开,但慢速充电时可不打开盖子。
(3)充电中火花不可靠近充电区。
(4)必须使用500W以上的专用线束插座,不可使用一般的电灯线束插座。
(5)充电中电解液温度升高至45℃时,充电电流必须降低。
(6)蓄电池密度在$1.25g/cm^3$以下时即应充电。

35. 汽车电子控制系统主要指利用微机控制的各个系统,包括电控燃油喷射系统(EFI)、电控点火系统(ESA)、电控自动变速器(ECT)、制动防抱死装置(ABS)、电控悬架系统(EMS)、自动空调等,电控系统的采用可以使汽车上的各个系统均处于最佳工作状态。

36. (1)不同电压的蓄电池可串联充电,但串联后的总电压不可超过充电机的最大充电电压,这种充电机为大电压型。
(2)串联充电的等电流充电,各蓄电池的充电电流是相同的。可将大蓄电池及充电不足的蓄电池放在前面串联连接,而小蓄电池及充电较充足的蓄电池放在后面并联,如此后半蓄电池的充电量为前半蓄电池的1/2,以符合实际状况所需。
(3)不同电压的蓄电池不可并联充电。
(4)等压充电法是将各蓄电池以并联连接,保持一定电压对蓄电池充电,充电初期电流量大,随着各蓄电池电量逐渐充满,充电电流会自动减少,这种充电法采用较多。

37.数字万用表主要由以下几部分组成:

(1)表头。它是一只高灵敏度的磁电式直流电流表,万用表的主要性能指标基本上取决于表头的性能。表头的灵敏度是指表头指针满刻度偏转时流过表头的直流电流值,这个值越小,表头的灵敏度越高。

(2)测量线路。测量线路是用来把各种被测量转换到适合表头测量的微小直流电流的电路,它由电阻、半导体元件及电池组成。

(3)转换开关。其作用是用来选择各种不同的测量线路,以满足不同种类和不同量程的测量要求。转换开关一般有两个,分别标有不同的挡位和量程。

38.万用表表头符号含义如下:

(1)∽表示交直流。

(2)V–2.5kV–4000Ω/V 表示对于交流电压及 2.5kV 的直流电压挡,其灵敏度为 4000Ω/V。

(3)A–V–Ω 表示可测量电流、电压及电阻。

(4)45–65–1000Hz 表示使用频率范围为 1000Hz 以下,标准工频范围为 45~65Hz。

(5)2000Ω/VDC 表示直流挡的灵敏度为 2000Ω/V。

五、看图填空

1.1-锁;2-关;3-附件;4-运转;5-起动

2.1-样本管;2-充满电;3-半充电;4-无电;5-比重计

3.1-刮水器开关;2-转向盘;3-转向信号灯开关

4.1-直流/交流转换键;2-保持键;3-液晶显示屏;4-量程选择键;5-转速选择键;6-转换开关;7-负极测试棒插座

5.1-熔断器代号;2-中央线路板板上插头连接代号;3-接线端子代号;4-接地点的代号;5-导线的颜色和截面积;6-继电器位置编号

6.1-系统标题;2-表示配线颜色;3-表示与电路元件连接的插接器;4-表示插接器的接线端子编号;5-表示继电器盒;6-表示屏蔽的配线

答案部分

单元2 电源系统

一、判断题

1. ×（化学能）；2. √；3. √；4. ×（降低）；5. √；6. √；7. √；8. ×（直流）；9. ×（无关）；10. ×（蒸馏水）；11. ×（铅）；12. √；13. ×（少）；14. √；15. √；16. √；17. ×（红色浮球）；18. ×（不得超过5s，间隔15s以上）；19. √；20. √；21. ×（不是所有的蓄电池）；22. ×（不同）；23. √；24. √；25. ×（各分电池互不相通）；26. √；27. √；28. ×（由密度计得知）；29. ×（硫酸铅）；30. √；31. ×（越高）；32. √；33. ×（气温低时）；34. ×（奇数）；35. √；36. √；37. √；38. √；39. √；40. ×（不可以做快速充电）；41. √；42. ×（24V）；43. ×（2V）；44. ×（蒸馏水）；45. ×（3.5A）；46. √；47. √；48. ×（常采用星形连接）；49. ×（里面）；50. ×（不升高）；51. √；52. √；53. ×（装在两块板上）；54. √；55. √；56. ×（集成电路的简称）；57. √；58. ×（是将电能转变成化学能储存起来，当蓄电池连接外部电路时，化学能才变成电能）；59. ×（12V）；60. √；61. √；62. ×（由蓄电池）；63. √；64. √；65. ×（蓄电池）；66. √；67. ×（其主要成分为铅（Pb），加入5%～12%的锑（Sb）制成）；68. √；69. √；70. √；71. ×（蓄电池温度越高时，自放电量越多）；72. √；73. √；74. √；75. √；76. ×（温度越高，密度越小）；77. ×（我国北方地区使用的蓄电池，通常使用充满电后密度1.280g/cm³或更高的电解液。一般使用充满电后密度1.260g/cm³的电解液）；78. √；79. √；80. ×（越低）；81. ×；82. ×；83. ×（降低0.0007g/cm³）；84. √；85. √；86. √；87. ×（平滑一面须向负极板；有槽沟一面须向正极板）；88. √；89. √；90. ×（负极板比正极板多一片）；91. ×（单数）；92. √；93. ×（蒸馏水）；94. ×（将硫酸慢慢倒入水中）；95. √；96. √；97. √；98. √；99. √；100. ×（1.150g/cm³或更高的电解液密度）；101. √；102. ×（封闭式）；103. √；104. √；105. ×（高度降低）；106. √；107. √；108. ×（密度偏低，应对蓄电池进行补充充电）；109. ×（电解液液面过低，蓄电池不能继续使用）；110. √；111. √；112. √；113. √；114. ×（硫酸成分减少，水的成分增加）；115. ×（9.6V）；116. √；117. √；118. ×（禁止有）；119. √；120. √；121. √；122. √；123. ×（添加蒸馏水）；124. √；125. √；126. √；127. √；128. √；129. ×（拆卸蓄电池是先拆下蓄电池的搭铁线，再拆正极接线）；130. ×（先将蓄电池正极接线接上，然后连接上负极）；131. √；132. √；133. √；134. ×（3倍）；135. √；136. √；137. √；138. ×（150℃）；139. √；140. √；141. √；142. ×（不可以）；143. √；144. ×（不允许）；145. ×（5min）；146. √；147. √；148. √；149. ×（负极板与壳体相通）；150. √；151. √；152. ×（正极管）；153. √；154. √；155. ×（直流电）；156. √；157. ×（不发电）；158. ×（有无刷发电机）；159. ×（也需整流）；160. √；161. √；162. ×（正向阻值小，反向阻值大）；163. √。

二、选择题

1. D;	2. D;	3. D;	4. A;	5. B;	6. A;	7. C;	8. B;	9. A;
10. D;	11. C;	12. D;	13. C;	14. A;	15. C;	16. D;	17. B;	18. A;
19. A;	20. C;	21. B;	22. D;	23. C;	24. C;	25. B;	26. A;	27. D;
28. C;	29. C;	30. D;	31. C;	32. C;	33. C;	34. D;	35. A;	36. A;

37. A； 38. C； 39. B； 40. B； 41. D； 42. B； 43. B； 44. C； 45. D； 46. D； 47. B

三、填空题

1. 三、六、串联、2；2. 负极、正极、正极、负极；3. 正极板、负极板、栅架、隔板；4. 自放电；5. 红铅粉（Pb_3O_4）；6. 黄铅粉（PbO）；7. 蒸馏水、1.260～1.280g/cm³、10～15mm、蒸馏水；8. 在充电时，使产生的氢气及氧气能逸出，以防聚积过多气体而发生爆炸，供添加蒸馏水或供检验电解液用；9. 密度计、液面观察窗、绿色、黑色、透明色；10. 外露式、封闭式；11. 6、12V、100A·h、起动型干电荷免维护；12. 正比、无关；13. 5s、15s；14. 大电流放电、端电压；15. 定流充电、定压充电、快速脉冲充电；16. 氧气、氢气、"沸腾"；17. 一、翘曲、活性物质脱落；18. 正负极板、隔板、电解液、外壳、联条、极柱；19. 普通、干荷电、湿荷电、免维护、胶体；20. 存足电、内部有故障、需充电；21. 减半；22. 结冰；23. 6%；24. 少维护、免维护；25. 正、铅垂；26. 隔板损坏、极板拱曲、活性物质大量脱落；27. 极板硫化、活性物质大量脱落、自行放电、内部短路；28. 明显不足、急剧下降、上升快、上升缓慢、迅速升高、"沸腾"；29. 胀大、堵塞、下降、下降、增大；30. 可逆、二氧化铅（PbO_2）、海绵状纯铅（Pb）、硫酸铅（$PbSO_4$）、硫酸、水；31. 充电系、皮带；32. 正极整流板、负极整流板；33. 定子线圈、铁芯、磁极、磁场线圈、滑环、轴；34. 发电机、蓄电池、调节器、指示灯；35. 转子、定子、整流器、前盖板、电刷、后盖板、风扇；36. 六、三相桥式；37. 正极管、负极管、红、黑、后端盖、元件板；38. 单向导电性、三相桥式、直流电；39. 三个首端、接近0且相等、断路；40. 首端、良好、搭铁；41. 8～10、10k、击穿、断路；42. 整流器、整流管；43. 储能、低压直流、电能、电能、化学能；44. 壳体、盖板、极板组、隔板；45. 单体电池串联起来、端电压、外露式、封闭式；46. 越多、越多；47. 机械能、电能、皮带；48. 定子、转子、整流器、前盖板、电刷、后盖板；49. 定子线圈、铁芯、磁极、磁场线圈、滑环；50. 滑环、良好绝缘；51. 正极整流板、负极整流板；52. 整流器、电刷架、输出插销

四、简答题

1.（1）起动发动机时供给起动机摇转发动机所需的大量电流。

（2）当发电机发出的电压低于蓄电池电压时，供给全车电器所需的电流。

（3）当汽车上电器的用电量超过发电机的输出量时，提供电器所需的电流。

（4）平衡汽车电系的电压，不使电压过高或过低。

2. 将正生极板与负生极板互相交叉且保持相当间隔，放入密度1.100～1.200g/cm³的稀硫酸中，正极板接直流电源的正极，负极板接直流电源的负极，通电后，正极板逐渐转变成咖啡色微粒结晶状的过氧化铅（PbO_2），负极板变成海绵状的纯铅（Pb），称为极化处理。

3. 一方面，供添加蒸馏水或供检验电解液用；另一方面，在充电时，使产生的氢气及氧气能逸出，以防聚积过多气体而发生爆炸，或造成蓄电池损坏。

4. 因电解液的密度与温度有关，温度高时电解液膨胀，密度减少，因此测量密度时应同时测量温度，并做温度校正，以得到正确的密度读数。

5.（1）负极板上的活性物质海绵状铅与电解液产生化学作用而慢慢变成硫酸铅。

（2）蓄电池的极板上附着金属杂质，如铁、锰等，金属杂质与极板构成一局部电池而产生自放电现象。

（3）蓄电池表面有电解液附着而造成漏电。

(4)脱落的活性物质堆满沉淀室后形成短路而放电。

6.过度充电时,电解液中的水分分解成氢气与氧气气泡,这些气泡会将极板活性物质冲掉;同时过度充电会造成蓄电池过热,使正极板材料氧化而使极板变形;另蓄电池冒气时将电解液冲成很小的微粒,喷出在蓄电池外表,使蓄电池桩头、座架与发动机零件腐蚀,且使蓄电池顶部漏电。

7.将多块正极板及负极板分别以连板结成一体,正负极板间插入隔板,即形成极板组。

8.可显示蓄电池的充电情况及电解液面是否过低。

9.将两种不同的金属板放入电解液中,因化学作用产生电离子,聚集电子的板产生较高的负电位,称为负极板,失去电子的板产生正电位,称为正极板,在两块板间会产生电动势。

10.系以稳定电流在温度20℃放电20h,终止时每一个分电池的电压维持在1.75V时的放电量,故12V蓄电池放电后的两桩头间端电压应为10.5V。

11.当电解液液位低于极板时,极板材料会暴露在空气中,材料会变而不易起化学作用,且剩下的电解液浓度会太高,使极板性能退化;而电解液太多时,较容易溅出造成桩头的腐蚀,增加电阻,或腐蚀固定架等。

12.即免维护蓄电池,是在蓄电池使用期间不需要添加蒸馏水,当充电指示器显示电解液面高度不足时,蓄电池即应换新。

13.传统蓄电池的格子板架是以锑为主要成分,而免维护蓄电池是以钙合金代替锑合金,钙铅合金极板的充电电流比锑合金小,可减少蓄电池内部的发热量,故可降低电解液中水分的减少速度。

14.铅蓄电池补充充电的步骤如下:
(1)将充电机电源插头插在500W以上的专用线束插座。
(2)红色夹夹在蓄电池正(+)极,黑色夹夹在蓄电池负(-)极。
(3)切换开关扳在正确电压侧,如12V或24V等。
(4)转动调节器至规定的充电电流。
(5)按规定充电时间将蓄电池充满电。

15.蓄电池主要由壳体、盖板、极板组、隔板与桩头等组成。

16.以下蓄电池不得进行快速脉冲充电:
(1)未经使用的新蓄电池。
(2)液面高度不正确的电池。
(3)电解液相对密度各单格不均匀的电池,各格压差大于0.2V的电池。
(4)电解液混浊并带褐色的电池。
(5)极板硫化的电池。
(6)充电时,电解液温度超过50℃的电池。

17.免维护蓄电池有以下优点:
(1)使用中不需加蒸馏水。
(2)自行放电少、寿命长。
(3)接线柱腐蚀小。
(4)起动性能好。

(5)具有内装式密度计的免维护蓄电池,可以十分方便地检查其放电程度。

18. 检验蓄电池放电程度可采用以下方法:

(1)通过测量电解液相对密度估算放电程度。

(2)用高率放电计测量放电电压。

(3)就车起动测试。

19. 蓄电池充足电的标志是:

(1)蓄电池内产生大量气泡,电解液呈"沸腾"状态;

(2)端电压和电解液相对密度升高到最大值,且2~3h内不再增加。

20. 配制电解液时应注意以下事项:

(1)一定要先在容器中倒入蒸馏水,然后再慢慢倒入硫酸。严禁将蒸馏水倒入浓硫酸中。

(2)作业之前一定要穿戴好防护衣具。

(3)要准备好应急措施:备好10%苏打水,万一硫酸溅到身上,用以冲洗中和,再用清水洗净,并迅速到医院处理。

(4)配制和保存过程中,应注意保持电解液的洁净,防止杂质进入。

(5)刚配制好的电解液温度很高,应冷却至35℃以下方可往蓄电池中加注。

21. 蓄电池的检查与维护项目有:

(1)检查蓄电池接线柱。

(2)检查蓄电池固定情况。

(3)蓄电池外壳的检查。

(4)检查电解液高度。

(5)检查电解液密度。

(6)蓄电池起动性能的检查。

22. 在车辆行驶时,供应点火系统、空调、音响及其他电器用电;补充蓄电池在起动时损耗的电能。

23. Y形接线法接线简单,容易制造,各线头间的电压较高,低速时的发电特性佳,中性点N可以用来做调整器控制,一般汽车的发电机均采用此式。

24. 采用电磁方式,可以维持固定不变的电压。当交流发电机以低速旋转时,通过电磁线圈的电流量增加;反之,当交流发电机以高速旋转时,则使电流量减少,以控制电压在一定值。

25. 有中性点二极管的交流发电机,与无中性点二极管交流发电机比较,在5000r/min以上转速时,其输出的电流高10%~15%。

26. 调整器有温度补偿装置,使温度升高后,最高控制电压降低,温度低时最高控制电压升高。

27. IC调整器具有的优点如下:

(1)小型轻量化。

(2)无接点,因时间变化的耐久性良好,即其控制电压值,在相当的行驶里程后,仍保持不变。

(3)无活动零件,故抗振性与耐久性佳。

(4)无触点,故没有电流切断时的电弧现象,造成收音机的干扰。

(5)因磁场电流增加,故交流发电机的输出可提高。

28. 磁力线切割线圈,能在线圈中产生感应电压(电动势),这种现象称为电磁感应。发电机系由电磁感应产生感应电压,因而产生电压与电流。

29. 由定子、转子、整流器、前盖板、电刷、后盖板与风扇等所组成。

30. 由调节器来的电流→发电机F线头→电刷→滑环→磁场线圈→滑环→电刷→搭铁。

31. 发动机发动后,发电机开始发电,部分电流直接经三个激磁二极管,供应给磁场线圈。因电流不经线路电阻,因此流入磁场线圈的电流增加,可提高发电机的输出性能。

32. 调节器是用来控制磁场线圈电流大小,以控制发电机输出电压的装置。

33. IC调整器与触点振动式调整器的相同点,都是以控制磁场线圈电流的大小,以调节发电机的输出电压在一定值,而最大不同点,为IC调整器的磁场线圈电流是由IC控制;而触点振动式调整器是以继电器内的白金触点来控制磁场线圈的电流量。

34. 使用时必须注意下列事项:

(1)蓄电池的正负极不可接错,否则大量电流流入发电机,使二极管烧坏。

(2)不可串联两个蓄电池来起动发动机,否则会使二极管烧坏。

(3)使用快速充电机在车上充电时,应拆开蓄电池搭铁线,以免二极管受过高电压而损坏。

(4)勿让发电机在无负荷下高速运转,否则发电机会因电压过高而损坏。

35. 发电机的检查与维护项目有以下几项:

(1)检查楔形皮带张紧度。以100N的拇指力量向下压,检查皮带的变形量。新皮带的变形量4~6.5mm;旧皮带的变形量7~10mm。

(2)检查充电指示灯状况。打开点火开关,此时组合仪表中的充电指示灯应点亮。起动发动机,充电指示灯应自动熄灭。

(3)检查发电机输出电压。起动发动机,逐渐升高发动机转速,使用万用表测量蓄电池的端电压,指示电压应高于空载电压(正常值为12~12.6V)。

(4)检查电压调节器。

(5)检查发电机输出电流。

36. 发电机解体的步骤如下:

(1)拆开固定螺栓,使前盖总成与后盖总成分离。

(2)拆开转子轴上的固定螺帽,使皮带盘、前盖、转子等分离。

(3)必要时,使用轴承拉出器拆下轴承。

(4)拆开插销固定螺帽及绝缘衬套。

(5)拆开整流器固定螺栓及电刷架固定螺栓。

(6)将后盖与定子分离。

(7)拆下IC调节器。

(8)以电烙铁将整流器上的定子线圈插销熔开,取下整流器。

37. 发电机解体后的检查内容如下：

(1) 转子检查。滑环检查,磁场线圈电阻检查,搭铁检查。

(2) 定子检查。使用欧姆表检查各组定子线圈之间应导通,检查定子线圈与铁芯间应不导通。

(3) 电刷及电刷弹簧检查。

(4) 轴承检查。旋转并加压力,检查轴承转动时感觉是否粗糙、阻力太大或有异音。

(5) 电压调节器检查。

38. 用万用表判断定子搭铁绕组的方法是：将中性点焊开,使三相绕组导线分离。然后将万用表的一表笔接定子铁芯,另一表笔分别接三个绕组的首端,如测得某一相电阻为零或电阻极小,说明该相绕组已搭铁或绝缘不良。

39. 用万用表判断正极管好坏的办法如下：将万用表拨到 R×1 挡,红表笔接元件板,黑表笔分别接三只管子的引线,测得的电阻值应为 8~10Ω；万用表拨到 R×10k 挡,黑表笔接元件板,红表笔分别接三只管子的引线,测得的阻值应为 10kΩ 以上。若某整流管两次测得的电阻值都为零。表明该整流管已击穿损坏。若两次测得的电阻值均为无穷,表明该整流管已断路损坏。

用万用表判断负极管好坏的方法与正极管相似,只是与判断正极管时的表笔反接。

40. 蓄电池观察窗,俗称电眼,以显示蓄电池的充电情况及电解液面是否过低。当蓄电池液面及充电正常时,从视窗中可看到绿色圆圈；当蓄电池液面正常,但充电不足时,从视窗中看到黑色圆圈；当蓄电池液面过低时,视窗中看到的是透明色。

41. 放电时,正极板中的 Pb 与电解液中的硫酸根(SO_4^{2-})结合成硫酸铅($PbSO_4$),氧离子与电解液中的氢离子结合成水(H_2O)；负极板中的海绵状铅(Pb)与电解液中的硫酸离子结合也成为硫酸铅($PbSO_4$)。

42. 充电时,原来正极板中的硫酸铅分解成 Pb^{2+} 及 SO_4^{2-} 离子,电解液中的水也分解成氢离子及氧离子,从极板分解而来的 SO_4^{2-} 与电解液中的氢离子(H^+)结合成硫酸(H_2SO_4),电解液中的氧离子与正极板的铅结合成 PbO_2；负极板也恢复原来的海绵状铅。

43. 当蓄电池放电后,电解液中的硫酸分子也减少,水分子增加,故密度降低；充电后,因硫酸分子增加,水分子减少,故密度增加。

44. 自放电的大小与下列因素有关：温度越高时,自放电量越多；电解液密度越高时,自放电量也越多。

45. 现在通常使用"安培小时电容量"作为核定蓄电池电容量的标准,又称为 20h 放电率电容量。

是以稳定电流在温度 20℃ 下放电 20h,终止时每一个分电池的电压维持在 1.75V 时的放电量,故 12V 蓄电池放电后的两极桩间端电压应为 10.5V。

安培小时电容量($A·h$) = 放电电流(A) × 放电时间(h)。

如以 3A 放电 20h,则其电容量为 60A·h。安培小时电容量目前也常以 5h 放电率电容量表示。如以 10A 放电 5h,则其电容量为 50A·h。

46. 以型号"6—QAW—100"为例来说明蓄电池的型号表示方法及含义：

第一部分：表示串联的单格电池数,用数字表示。其额定电压为这个数字的 2 倍。

第二部分:表示蓄电池的类型和特征,用两个汉语拼音字母表示。一般第一个字母是Q,表示起动型蓄电池;T表示拖动型蓄电池。第二个字母表示蓄电池的特征代号,如:A—干荷电式,W—免维护型,J—胶体电解液。

第三部分:表示蓄电池的额定容量和特殊性能,我国目前采用20h放电率的额定容量,单位是A·h(安培·小时),用数字表示,特殊性能用字母表示。

因此"6—QAW—100"表示由6个分电池组成,额定电压12V,额定容量为100A·h的起动型干电荷免维护蓄电池。

47. 所谓免维护蓄电池是在蓄电池使用期间不需要添加蒸馏水,当充电指示器显示电解液液面高度不足时,蓄电池即应换新。

48. 蓄电池的检查与更换技术要求、标准如下:

(1)使用高频放电计测量蓄电池端电压时,若负载电流为110A,则最小电压不得低于9.6V。

(2)蓄电池电缆的拆装顺序为:先拆下蓄电池的负极接线,再拆正极接线;安装时,先装正极接线,后装负极接线。

(3)蓄电池应固定牢靠,否则剧烈振动将影响其使用寿命。

(4)蓄电池电解液具有强腐蚀性,避免接触皮肤或溅落到眼睛内。

(5)蓄电池附近禁止明火。

(6)免维护蓄电池通过电眼检查电解液液面高度和工作状态。

49. 蓄电池电缆的拆装顺序为:先拆下蓄电池的负极接线,再拆正极接线;安装时,先装正极接线,后装负极接线。

50. 蓄电池检查与更换作业的准备工作如下:

(1)汽车进入工位前,将工位清理干净,准备好相关的器材。

(2)拉紧驻车制动器操纵杆,并将变速杆置于空挡或驻车挡(P挡)位置。

(3)套上转向盘护套、变速杆手柄套和座位套,铺设脚垫。

(4)在车内拉动发动机舱盖手柄,在车外打开并支撑发动机舱盖。

(5)粘贴翼子板和前脸磁力护裙。

51. 蓄电池充电作业的准备工作如下:

(1)蓄电池桩头必须先清洁干净,以免接触不良。

(2)观察蓄电池侧面的液面指示线,检查液量。

(3)打开蓄电池的加水通气盖。

(4)高度不足时补充蒸馏水。补液时应使6个单格分电池的液面均匀等高,到上限(UPPER)位置。

(5)如果蓄电池装有指示器,可对其进行确认从而检查充电状态,中心部位呈蓝色时即为正常。

52. 蓄电池一般充电的操作步骤如下:

(1)将充电机电源插头插在500W以上的专用线束插座。

(2)红色夹夹在蓄电池正(+)极,黑色夹夹在蓄电池负(-)极。

(3)切换开关扳在正确电压侧,如12V或24V等。

(4)转动调节器至规定的充电电流。

(5)根据剩余电量设置充电时间。

(6)先关闭充电机开关,再拆开蓄电池的连接线,并收放整齐。

(7)装回加水通气盖,并将蓄电池表面的电解液擦拭干净。将蓄电池摆放整齐。

53.蓄电池快速充电的操作步骤如下:

(1)车上蓄电池充电前,必须先拆开蓄电池的搭铁线。

(2)将快速充电机插头插在500W以上的线束插座。

(3)红色夹夹在蓄电池正(+)极,黑色夹夹在蓄电池负(-)极。

(4)切换开关扳在正确电压侧,如单一蓄电池在12V侧。

(5)旋转电流调节器至充电电流为蓄电池电容量安培数的1/2,例如额定容量为100A·h时,充电电流为50A。

(6)利用定时器,设定充电时间,例如30min。

(7)测量电解液温度,超过45℃时,降低充电电流或停止充电。

(8)先关闭充电机开关,再拆开蓄电池的连接线,并收放整齐。

(9)装回加水通气盖,并将蓄电池表面的电解液擦拭干净。

54.①用万用表检查蓄电池的开路电压:若蓄电池电压不低于12V,为正常;若低于12V,说明蓄电池已放电,需要进行充电。②可用高率放电计来测量蓄电池电压(有负荷时):根据蓄电池电压将电压开关选在正确位置,通常都是扳在右侧的"12V"位置,蓄电池电容量选择开关转在与待测蓄电池电容量相同的位置。若负载电流为110A,则最小电压不得低于9.6V。

55.密度计放入分电池中,吸取定量的电解液,使密度计内浮子浮至适当位置,以读取密度。测量密度时,同时放入温度计测量电解液温度。读取密度,并做温度校正。计算出蓄电池电解液正常的密度值。

若各分电池中的电解液密度相互间的偏差不超过$0.02g/cm^3$,可对蓄电池进行充电,以恢复其性能;若在一个或两个相邻分电池中的电解液密度明显地下降,说明蓄电池有短路故障,应对其进行修复或更换。

56.电解液液面的高度必须保持在上下限之间。一般蓄电池电解液高度不足时,应添加蒸馏水;免维护蓄电池电解液液面不足时,蓄电池应换新。

57.检查桩头及接头上是否有白色或绿白色的腐锈物。使用钢丝刷或砂纸刷除腐锈物,必要时拆下接头清洁后再装回。以黄油涂抹在桩头及接头上。

最后检查蓄电池正极的橡皮保护套有无定位,及是否破裂。

58.蓄电池固定架及固定座锈蚀时,以钢丝刷及小苏打水刷洗,再以清水冲净。最后以耐酸漆喷涂或涂以黄油。保证蓄电池良好稳定的固定。

59.交流发电机的功能如下:在车辆行驶时,供应点火系统、空调、音响及其他电器用电;补充蓄电池在起动时损耗的电能。

60.导体在磁场内运动切割磁力线,在导体中会产生感应电压。如果将导体连成完整电路,则电路中会有电流。

在导线中放置磁铁,并使磁铁旋转,则旋转的磁力线切割导线,在导线中会产生电流。

无论导体或是磁铁运动时,电流表指针都会摆动。电流表指针摆动的方向,由导体或磁铁运动方向而定。指针摆动的角度,随导体或磁铁的运动速度加快而增大。

磁力线切割线圈,能在线圈中产生感应电压(电动势),这种现象称为电磁感应。

61. 交流发电机在低速时就要能发出足够的电压供汽车电器及充电使用,因此在低速时需以较大的电流供应磁场线圈以产生强力磁场,使发电机能产生足够的电压。当交流发电机的转速升高后,必须降低流过磁场线圈的电流,以减弱磁场强度,来维持发电机的电压不继续升高,避免烧坏电器。调节器就是用来控制磁场线圈电流大小,以控制发电机输出电压的装置。

62. 组装发电机时应注意事项:
(1)各零件应清洁干净。
(2)定子线圈与整流粒焊接时,动作必须迅速。
(3)利用电刷止挡杆挡住电刷,以方便发电机的组合,组合后再小心拉出止挡杆。
(4)组装后,转动转子,检查旋转是否正常。

63. 电压调节器的检查步骤如下:
(1)关闭所有电器负荷,如前照灯、空调、刮水器等。车辆行驶后不宜立刻检验,应待电压调节器冷却至适当温度后再检查。
(2)接上电压表、电流表。
(3)发动发动机,暖车后并以 2500r/min 运转数分钟(注:发动发动机前,应暂时在蓄电池与电机间跨接一条蓄电池线,待发动机发动后才取下)。
(4)检查电流表,正常情形下,充电电流应在 5A 以下。
(5)发动机转速在怠速与 2500r/min 间升降,检查电压表读数,若在 14.4~15.1V 范围内时,表示电压调节器功能正常。

64. 旋转并加压力,检查轴承转动时感觉是否粗糙、阻力太大或有异响。使用轴承拉出器及压床,以换新轴承。

65. 电刷及电刷弹簧的检查内容如下:
(1)电刷检查:使用游标卡尺检查电刷凸出长度,电刷凸出长度的标准值为 10.5mm,最小值 4.5mm。电刷凸出长度不符规定时,使用电烙铁焊开接点,换新电刷。有些电刷上有磨耗极限指示线,当指示线露出时,表示电刷必须换新。
(2)电刷弹簧检查:使用弹簧秤测量电刷弹簧弹力,将电刷压入至伸出 2mm 时检查。电刷弹簧弹力的标准值为 3~4kN,最低值为 2.1kN。弹力不足时需更换弹簧。

66. 使用欧姆表检查各组定子线圈之间应导通,检查定子线圈与铁芯间应不导通。

67. 定子的检查内容如下:
(1)滑环检查:滑环表面应平滑,无刮痕或粗糙的状况。使用游标卡尺测量滑环外径。滑环标准外径为 32.3~32.5mm,滑环最小外径为 32.1mm。
(2)磁场线圈电阻检查:使用欧姆表在冷时检查,若不导通时,更换转子。非 IC 调节器的磁场线圈电阻为 3.9~4.1Ω;IC 调节器的磁场线圈电阻为 2.8~3.0Ω。
(3)搭铁检查:使用欧姆表检查滑环与磁极或滑环与转子轴间应不导通。若导通,应更换转子。

68. 调整发电机皮带紧度的方法如下：

(1)将发电机朝发动机的相反侧推移，锁紧固定螺母及调整螺钉。

(2)检查皮带紧度，以100N的拇指力量向下压，检查皮带的变形量。新皮带的变形量4~6.5mm，旧皮带的变形量7~10mm。另一种检查皮带紧度的方法是使用皮带张力器，新皮带的皮带张力为650~800N，旧皮带的皮带张力为500~650N。

69. 充电系统的检查内容如下：

(1)检查楔形皮带挠度。用拇指下压皮带轮与张紧装置之间的楔形皮带，检查皮带挠度是否正常。

(2)检查充电指示灯状况。打开点火开关，预热发动机3~5min，关闭发动机。转动点火开关位于"ON"挡位。此时组合仪表中的充电指示灯应点亮。再次起动发动机，并提高转速到600~800r/min，充电指示灯应自动熄灭。

(3)检查发电机输出电压。起动发动机，逐渐升高发动机转速，使用万用表测量蓄电池的端电压，指示电压应高于空载电压(正常值为12~12.6V)。

(4)检查电压调节器。

(5)检查发电机输出电流。

70. 打开点火开关，预热发动机3~5min，关闭发动机。转动点火开关位于"ON"挡位。此时组合仪表中的充电指示灯应点亮。再次起动发动机，并提高转速到600~800r/min，充电指示灯应自动熄灭。

71. 起动发动机，逐渐升高发动机转速，使用万用表测量蓄电池的端电压，指示电压应高于空载电压(正常值为12~12.6V)。

72. 交流发电机的检查与更换技术要求标准如下：

(1)不允许使用试火方式检查发电机是否发电。

(2)在发动机停机状态下，不允许点火开关长时间保持"ON"挡位。

(3)发电机与蓄电池之间的电缆要可靠连接。正负一致，搭铁可靠。

(4)发电机楔形皮带的挠度和性能正常。新皮带挠度为2mm，旧皮带挠度为5mm。如传动异响，应更换传动带。

(5)发电机皮带张紧器固定螺栓力矩为25N·m，发电机紧固螺栓力矩为25 N·m。

73. 定子是由定子线圈及薄铁片迭成的铁芯组成，铁芯由许多涂有绝缘漆的铁片迭成，内有直槽，以容放定子线圈，槽数为转子磁极数的3倍。

定子线圈由漆包线绕成，共有三组线圈，每组由与转子磁极数相等数量的线圈串联而成。

74. 汽车上的电器都是使用直流电，因此定子线圈感应的交流电必须经过整流后才能输出，供应车上电器使用，并充电到蓄电池。整流方式有全波整流及半波整流两种。

75. 在线路中装一只整流管时，只能让一方向的电流通过，反方向则不能流过，称为半波整流。

76. 在线路中安装四只整流二极管，方向并做适当安排，正反方向的电流均能利用，效率比半波整流大一倍，故汽车交流发电机均采用全波整流。

一组线路做全波整流需四只整流管，但三相交流的三组线路因可互相共用，故仅需使用六只整流二极管,即可做全波整流。

五、看图填空

1. 1-盖板;2-分电池连接板;3-插头;4-极板条;5-负极板;6-正极板
2. 1-发电机;2-蓄电池;3-调整器
3. 1-发电机带轮;2-发动机转子轴;3-电刷;4-调节器组件;5-转子;6-定子;7-风扇
4. 1-轴承;2-滑环;3-磁极;4-轴;5-磁场线圈
5. 1-前盖总成;2-转子;3-整流器;4-电刷架;5-后盖总成;6-定子

单元3 起动系统

一、判断题

1.√;2.×(低速扭矩大,高速扭矩小);3.×(少);4.√;5.×(较粗的是吸入线圈);6.√;7.√;8.×;9.×(驱动小齿轮空转、动力不传到电枢轴);10.√;11.×(低);12.√;13.×(不可以);14.×(驱动小齿轮先与飞轮啮合,大电流再送入起动机);15.√;16.×(构造不同);17.×(异极性);18.×(常开开关);19.√;20.×(应与飞轮立刻分离);21.×(串联式);22.√;23.×(电磁开关);24.×(高压缩比);25.×(柴油发动机);26.√;27.×(永磁起动机没有励磁绕组);28.√;29.√;30.×(小于起动机转数);31.√;32.√;33.×(保护点火开关);34.√;35.√;36.×(P挡);37.√;38.√;39.×(但点火系统不通);40.√;41.×(点火系统及起动系统均接通以起动发动机);42.√;43.×(有一部分装有起动安全开关);44.√;45.√;46.√;47.√;48.×(右);49.×(180°);50.×(四磁场线圈);51.√;52.×(两条);53.×(低);54.√;55.√;56.√;57.√;58.√;59.×(70∶1);60.√;61.×(应导通);62.×(应不导通);63.√;64.√;65.√;66.√;67.×(0.4mm以下);68.√;69.√;70.;71.×(应不导通);72.√;73.×(短路);74.√

二、选择题

1. D; 2. A; 3. A; 4. B; 5. B; 6. A; 7. A; 8. C; 9. B;
10. D; 11. C; 12. D; 13. C; 14. A; 15. B; 16. B; 17. C; 18. C;
19. D; 20. A; 21. B; 22. C; 23. B; 24. B; 25. C; 26. C; 27. B;
28. B; 29. A; 30. C; 31. B; 32. A; 33. C; 34. C; 35. D; 36. B;
37. B; 38. A; 39. D; 40. D

三、填空题

1.人力、电力、电力起动;2.蓄电池、点火开关、起动安全开关、电磁开关、起动机、导线;3.LOCK、转向盘、P;4.直流串励式电动机、传动机构、电磁开关;5.外壳与磁极、电枢、电刷、换向器端盖、驱动端盖;6.起动电机本体、传动机构;7.轴、铁芯、换向器;8.0.5~0.8;9.串联式、并联式、复联式、串联式;10.电磁拨动齿轮型、齿轮惯性移动;11.吸入线圈、吸住线圈;12.减速齿轮组式、行星齿轮组式;13.轴承;14.ST、吸住线圈、吸入线圈;15.静止、外力、自行运行;16.惯性啮合式、电枢移动式、强制啮合式;17.电枢、磁极、电刷及电刷架、壳体及端盖;18.高速直流串励、减速齿轮、驱动齿轮、缩小、减轻、缩短、负荷;19.安装;20.空挡N、驻车挡P;21.切断、接通;22.串联式、并联式、复联式、串联式;23.盖板、轴承、电刷座、电刷弹簧、弹簧架

四、简答题

1.起动安全开关是一种常开开关,以防止变速器不在空挡或发动机在运转中,使起动系统产生作用发生危险或损坏齿轮的安全装置。

2.利用起动机小齿轮与发动机飞轮啮合,以摇转发动机使其能发动。发动机发动后,小齿轮与飞轮必须立刻分离,以免起动机受损。

3. 减速型起动机的特点为小型、轻量化及高扭矩。

4. 吸住线圈与吸入线圈的方向相同,磁力线相加,产生的强引力将柱塞吸入线圈中,柱塞的移动使拨叉将驱动小齿轮拨向飞轮。因起动机电枢会缓慢移动,故万一齿相碰时很快滑开而使齿很容易啮合,齿轮啮合后,电枢因电流小,扭矩小,故停止转动。当驱动小齿与飞轮齿啮合完全后,柱塞将电磁开关 B 及 M 两个触点接通,大量电流由蓄电池经电缆线直接流入起动机,使起动机产生强大扭矩摇转发动机。

5. ST 端子电流切断,但主开关仍接通,因此电流由 M 端子经吸入线圈到吸住线圈,吸入线圈与吸住线圈的电流方向相反,磁力互相抵消,柱塞被复位弹簧推回左侧,因此主开关通过的大电流被切断,驱动小齿轮也与飞轮环齿轮分离。

6. 减轻起动机负荷,使柴油发动机容易发动。

7. 起动系统的基本组成机件有蓄电池、点火开关、起动安全开关、电磁开关、起动机及电线等。

8. 在最初摇转发动机时,起动机转速低,电枢产生的逆向电动势较小,使流经起动机的电流量较大,产生的扭矩大,适合最初起动用。当起动机转速升高时,产生的逆向电动势较大,故流经起动机的电流量较小,使作用于起动机的电压增加,因此输出扭矩降低,适合发动机达一定转速时。

9. 发动机若起动失败,起动机必须迅速停止转动,以缩短再起动的等待时间,同时避免驾驶人不知道起动机仍继续高速运转,而再度打起动机,造成尖锐的齿轮碰撞声。因此起动机电枢必须有制动装置,在停止起动时作用,能使电枢很快的停止空转,以便能立刻再起动发动机。

10. 起动时因小齿轮配重的关系,电枢轴转,小齿轮不转,因此小齿轮会在电枢轴上前进与飞轮啮合。发动机起动后,小齿轮比电枢轴转得快,相当电枢轴不转,小齿轮转,因此小齿轮在电枢轴上后退,与飞轮分离。

11. 电磁开关的功能有:

(1)类似主开关或继电器的功能,容许由蓄电池来的大电流通过,并送入起动机。

(2)拨动驱动小齿轮,使之与飞轮啮合。

(3)如今的汽车使用的电磁开关,除控制电路的通断外,还控制驱动小齿轮的接合与分离。

12. 其功能为只能起动机驱动发动机,发动机不能驱动起动机。摇转发动机时单向离合器锁住成为一体,起动机能驱动发动机,发动机一起动后,转速比起动机快,单向离合器自动分离,小齿轮在起动机轴上空转,以防起动机电枢被发动机带动快速转动而损坏。

13. 点火开关各挡位的作用如下:

(1)锁止(LOCK)。钥匙在此位置才能拔出,也在此位置锁住转向盘轴,以防车子无钥匙被移动或被开走。如今的自动排挡汽车,变速杆排入 P 挡,钥匙才能拔出。

(2)关闭(OFF)。在此位置全车电路不通,但转向盘可以转动,以便不发动发动机移动汽车使用。

(3)附件(ACC)。在此位置汽车附属电器的电路接通,如点烟器、收音机等,但点火系统不通。不发动发动机听收音机时应开在此位置。

(4)运转(ON)。在此位置时点火系统及汽车各电器均接通,一般汽车行驶时均在此位置。

(5)起动(START)。由运转位置顺时针方向扭转钥匙即为起动位置,手放松时,钥匙又可回到运转位置。在起动位置,点火系统及起动系统均接通以起动发动机。

14.磁场绕组及电刷的检查内容如下:

(1)使用欧姆表检查两电刷间应导通,不导通时应更换磁场线圈。

(2)使用欧姆表检查电刷与外壳间应不导通,导通时应更换磁场线圈。

(3)检查电刷在电刷座是否能顺畅滑动。检查电刷长度,电刷长度应在12mm以上。

(4)使用欧姆表检查绝缘电刷座与搭铁电刷座间应不导通,导通时应更换电刷座总成。搭铁电刷座则不必做检查。

(5)检查电刷弹簧弹力,电刷弹簧弹力为14~18N。

15.检查电枢线圈是否短路,电枢置于电枢试验器上,并在电枢上放一锯片,以手慢慢旋转电枢,若电枢线圈短路时,锯片会被磁化而振动。检查电枢轴与轴承之间隙。电枢轴与轴承之间隙为0.2mm以下。

16.使用游标卡尺检查小齿轮间隙,检查前先将小齿轮稍推回。小齿轮间隙:0.25~0.30mm。间隙不符合规定时,改变调整垫圈的厚度以调整。

17.单向离合器的检查步骤如下:

(1)检查小齿轮的滑动情况,滑动应顺利。

(2)检查小齿轮的磨损情况。

(3)左手抓住离合器,右手转动小齿轮,一个方向能旋转,另一个方向则不能转动,表示离合器正常。

18.起动发动机时:当点火开关转到ST时,蓄电池电由点火开关B接头经ST接头流到起动机电磁开关的ST接头,电流分两路:一条经较细的吸住线圈(又称并联线圈)到外壳搭铁产生吸力;另一条经较粗的吸入线圈(又称串联线圈),经电磁线圈的M接头及起动机磁场线圈与电枢线圈搭铁,使起动机能缓慢旋转,并产生强大的电磁吸力。

吸住线圈与吸入线圈的方向相同,磁力线相加,产生的强吸力将柱塞吸入线圈中,柱塞的移动使拨叉将驱动小齿轮拨向飞轮。因起动机电枢缓慢转动,故万一轮齿相碰时能很快滑开而使齿轮很容易啮合,齿轮啮合后,电枢因电流小,扭矩小,故停止转动。当驱动小齿轮与飞轮啮合完成后,柱塞将电磁开关B及M两个触点接通,大量电流由蓄电池经电缆线直接流入起动机,使起动机产生强大扭矩摇转发动机。此时吸入线圈两端均为电源,无电流进入;吸住线圈仍有电流。

发动机起动后,若点火开关仍在ST位置,驱动小齿轮仍与飞轮啮合,飞轮带动小齿轮超越电枢转速高速空转。

发动机起动后,放开钥匙,则点火开关自动由ST回到ON,此时ST的电流切断。因电磁开关B、M触点已闭合,故电流改由接头经触点流入吸入线圈,经吸住线圈搭铁,此时吸入线圈的电流方向与原来方向相反,而吸住线圈的电流方向仍不变,因此吸入与吸住两线圈的电流方向相反,产生的磁力互相抵消。

电磁开关的磁力消失后,弹簧将柱塞推出,拨叉将驱动小齿轮拨回原来位置。

19. 换向器的检查内容如下：

(1) 检查换向器表面，有烧蚀斑点或脏污时，以 400~500 号细砂纸砂光。

(2) 检查换向器失圆度，失圆度超过时，以车床修正。换向器失圆度在 0.4mm 以下。

(3) 检查换向器外径。外径低于规定值时，电枢应换新。换向器外径在 39mm 以上。

(4) 检查绝缘云母深度，深度不足时，使用锯片以正确方法处理，绝缘云母深度最小值为 0.2mm，最大值为 0.5~0.8mm。

(5) 检查换向器与铁芯间应不导通，导通时电枢应换新。

(6) 检查换向器与电枢轴间应不导通，导通时电枢应换新。

(7) 检查各整流片间应导通，任意两片整流片间不导通时，电枢应换新。

20. 起动机的组成及各部分的作用分别是：

(1) 直流串励式电动机。其作用是将蓄电池提供的直流电能转变为机械能，产生转矩起动发动机。

(2) 传动机构。其作用是在发动机起动时，使起动机驱动齿轮啮入发动机飞轮齿圈，将起动机转矩传给发动机曲轴，在发动机起动后，驱动齿轮自动打滑，并最终与飞轮齿圈脱离啮合。

(3) 控制机构。用来接通或切断电动机与蓄电池之间的电路，在有些起动机中还具有隔除点火线圈附加电阻的作用。

21. 发动机起动时，拨叉使离合器总成沿电枢轴花键移动，驱动齿轮啮入发动机飞轮齿圈。然后起动机通电旋转，转矩由花键套筒传到十字块，十字块则随电枢旋转，这时滚柱在摩擦力的作用下滚入楔形槽的窄端被卡死，迫使驱动齿轮带动发动机飞轮旋转，起动发动机。

发动机起动后，飞轮转速升高，飞轮齿圈变为主动轮，带动驱动齿轮旋转，在摩擦力的作用下，滚柱滚入楔形槽的宽端而打滑，使发动机的转矩不能传递给电枢，防止了电枢的超速飞散。

22. 永磁式起动机维修时应注意：

(1) 应按安装位置装夹。

(2) 通电试验不得接反电池极性。

(3) 拆开维修时内部应保持清洁，避免带入铁屑等杂物。

(4) 磁铁在机壳中应确保牢固。

(5) 电枢绕组、单向离合器必须用压缩空气清洁，不得用易挥发的化学试剂清洗。

23. 减速型起动机优点：

(1) 在同样输出功率的情况下，比普通起动机可以减小质量 20%~40%，体积约减少一半。

(2) 体积小便于安装，单位质量输出功率大。

(3) 提高了起动转矩，有利于低温起动。

(4) 减少了起动电流，有利于电池寿命的提高。

24. 起动时应注意以下事项：

(1) 先踩下离合器踏板，挂空挡。

(2)每次接通起动机时间不得超过5s,再次起动,两次间隔时间应在15s以上。

(3)发动机发动后,应立即切断起动机开关。

(4)经常保持起动机连线清洁、可靠。

(5)连续几次不能起动或发现冒烟、打齿、打滑故障应排故后再起动。

25.不论是汽油发动机或是柴油发动机都必须经过"排气→进气→压缩→做功"的工作循环才能作用,因此开始起动发动机必须先靠外力摇转曲轴,常用的外力有人力和电力两种,人力起动简单,但不方便,劳动强度大,目前只有在部分汽车上作为后备方式而保留着。电力起动操作方便,起动迅速可靠,重复能力强,所以在如今的汽车上被广泛应用。

26.起动安全开关是一种常开开关,以防止变速器不在空挡或发动机运转时,起动系统突然产生作用而发生危险或损坏齿轮的安全装置。

27.点火开关在ST位置时,至点火系点火线圈的电流不再流经外电阻。因发动起动机时起动机消耗大量电流,使蓄电池电压降低1~2V。短路后可使起动发动机时点火线圈受到的电压与平常运转时相同,能产生强烈火花,使发动机容易起动。

28.起动机是起动系统中的主要组成部分,起动机由直流串励式电动机、传动机构和电磁开关三个部分组成。

起动机的功能:利用起动机小齿轮与发动机飞轮啮合,以摇转发动机使其能发动。发动机发动后,小齿轮与飞轮必须立刻分离,以免起动机受损。

29.简单直流电动机的构造,包括磁极、电枢、换向器、电刷等,电流由电刷经换向器进入电枢线圈(即导线环)后,电枢线圈即产生转动,每半转由换向器改变电枢线圈的电流一次,就可以使电枢线圈所受的磁场推力连续而能持续旋转,即原在N极的导线移到S极时,电流方向必须相反,才能使作用力方向一致。利用换向器,每半转使电流在导线中方向做改变,即可使导线以相同方向持续旋转。

30.起动机外壳与磁极,包括外壳、磁极、磁场线圈等。外壳为软钢制的圆筒,作为磁力线的回路。磁极也是软钢制成,与外壳精密配合,以螺钉固定在外壳上,通常使用四磁极。磁场线圈以扁铜条与绝缘纸绕成,通常使用四磁场线圈。

31.起动机电枢包括轴、软铁片迭合成的铁芯、换向器及电枢线圈。电枢轴上有直槽或螺旋槽,供小齿轮移动用。铁芯的软铁片表面上涂有绝缘油,可以防止涡电流的产生而发热。电枢线圈绕在铁芯上,每一槽中只有两条,以绝缘纸包扎。

32.换向器使用铜片以V形切槽嵌入绝缘套中,每一铜片间以云母绝缘片隔开,云母片较铜片低0.5~0.8mm。

33.串联式电枢线圈与磁场线圈连接方式的作用特性如下:

(1)在最初摇转发动机时,起动机转速低,电枢产生的逆向电动势较小,使流经起动机的电流量大,产生的扭矩大,适合最初起动用。

(2)当起动机转速升高时,产生的逆向电动势较大,故流经起动机的电流量较小,使作用于起动机的电压增加,因此输出扭矩降低,适合发动机达一定转速时用。

34.起动机的传动机构在起动发动机时,能自动的使起动机小齿轮与飞轮啮合,在发动机起动后,能使起动机小齿轮自动的与飞轮分离或自行空转,才不会因起动机高速运转而损坏。起动机小齿轮齿数与飞轮环齿数比为1:15~1:20,即传动比为1:15~20:1。

传动机构的种类主要有电磁拨动齿轮型和齿轮惯性移动型两类。

35. 此类型齿轮啮合稳定,且磨损少。使用双线圈电磁开关拨动小齿轮的起动机,采用滚珠或滚柱式单向离合器保护起动机,为目前汽油车使用最多的起动机。

36. 与普通传统式起动机比较,其最大特点为小型、轻量化及高扭矩。但起动机小型化会造成散热不良,故将导线接点的锡焊改为铜焊,甚至将铜焊改为熔接方式,绝缘材料使用高耐热材料。而电枢线圈导线数的减少,使起动机小型化且高速化,高转速时扭矩小,所以需用减速齿轮,使扭矩增大。

37. 行星齿轮组式没有减速齿轮组式的惰齿轮,是将转速在同轴上减速,可在狭窄处做大幅度减速,因此更小型、轻量化。第一次减速比约为5∶1,总减速比约为70∶1。

38. 当起动开关转到"ST"位置时,电流经端子 ST 流进吸入线圈与吸住线圈,流进吸入线圈的电流,经 M 端子进入磁场线圈与电枢线圈。由于吸入线圈的磁化作用导致电压降,使流入磁场线圈及电枢线圈的电流变小,故起动机只以低速转动。此时吸住与吸入线圈所建立的磁场,克服柱塞复位弹簧的弹力,使柱塞向左移动,驱动小齿轮因此被向左推与飞轮环齿轮啮合。由于起动机转速慢,故两齿轮可顺利啮合,且螺旋齿条也有帮助平顺啮合的作用。当驱动小齿轮与飞轮的环齿轮完全啮合后,柱塞左侧的接触片使 B 端子与 M 端子接通,大量电流流入起动机,使起动机高速旋转,而此时吸入线圈两端的电压相同,电流不再流入,柱塞仅靠吸住线圈的磁力保持在最左边的位置。

39. ST 端子电流切断,但主开关仍接通,因此电流由 M 端子经吸入线圈到吸住线圈,吸入线圈与吸住线圈的电流方向相反,磁力互相抵消,柱塞被复位弹簧推回右侧,因此主开关通过的大电流被切断,驱动小齿轮也与飞轮环齿轮分离,减速型起动机电枢的惯性比普通型小,起动机本身的摩擦即可使电枢停止转动,因此不需要电枢制动装置。

40. 准确良好地完成蓄电池有负荷时端部电压、起动电路、起动开关等的检查。能根据检查结果分析起动系统的故障原因。

41. 起动系统功能的检查项目如下:
(1)检查有负荷时蓄电池接头电压。
(2)检查有负荷时电磁开关 M 接头电压。
(3)检查蓄电池到起动电机间线路的电压降。
(4)检查电磁开关 B 与接头 M 间的电压。
(5)检查有负荷时搭铁回路的电压。
(6)检查电磁开关吸入线圈。
(7)检查电磁开关吸住线圈。
(8)检查驱动小齿轮的退回情况。
(9)无负荷试验。

42. 在蓄电池接头接上 0~20V 的电压表,拆开点火线圈的正极接头。起动发动机,检查电压表读数。有负荷时蓄电池接头电压 10.5V 以上,若电压低于 10.5V,应检查:①蓄电池电容量是否不足;②蓄电池桩头是否清洁;③蓄电池线间的电压降是否过大;④起动电机是否损坏。

43. 将电压表红色夹接在蓄电池正(+)极桩头上,黑色夹接在起动电机"M"接头上。拆开点火线圈的正(+)极接头。起动电动机时压下"2V 切换按钮",检查电压表读数。蓄电池到起动电机间线路的电压降在 0.5V 以下。

44. 将电压表红色夹接在电磁开关"M"接头上,黑色夹接在起动电机外壳上。拆开点火线圈的正(+)极接头。起动电动机时检查电压表读数,有负荷时电磁开关 M 接头电压 10.0V 以上。若电压低于 10.0V,检查蓄电池到 M 接头间线路及接头的状况。

45. 将电压表红色夹接在起动电机外壳上,黑色夹接在蓄电池负(-)极桩上。拆开点火线圈的正(+)极接头。起动电动机时压下"2V 切换按钮",检查电压表读数。有负荷时搭铁回路的电压 0.4V 以下,若电压高于 0.4V 以上,表示搭铁回路有高电阻。

46. 将欧姆表测试棒,一端置于 ST 接头,一端置于 M 接头。若导通,表示吸入线圈良好。

47. 将欧姆表测试棒,一端置于 ST 接头,一端置于搭铁。若导通,表示吸住线圈良好。

48. 拆开起动电机外壳的搭铁线。若驱动小齿轮未立刻退回,应检查复位弹簧及柱塞等。

49. 将起动机固定在台虎钳上。电流表接在蓄电池正(+)极与起动电机电磁开关 B 接头之间,并接上电压表及点火开关等。转动点火开关,并检查电流量。

无负荷试验时电流量在 11V 时,低于 50A。

50. 普通起动机的分解与检查技术标准、要求如下:
(1)保证分解后,各个部件的完整良好。
(2)准确良好的磁场线圈、电刷及电刷座、电枢总成等的检查。
(3)各部件检查完成后,准确地恢复装配。

51. 普通型起动机的拆卸步骤如下:
(1)拆开电磁开关。
(2)拆开后盖。取下防尘套、卡簧及推力垫圈。拆下电刷座固定螺钉。拆下长螺栓取下后盖。
(3)向上拉出电刷弹簧。
(4)取下电刷座。
(5)取下轭部。
(6)取下电枢及拨叉。
(7)拆下卡簧及小齿轮止挡圈,取下单向离合器。

52. 起动机解体后的检查项目如下:
(1)使用欧姆表检查两电刷间应导通,不导通时应更换磁场线圈。
(2)使用欧姆表检查电刷与外壳间应不导通,导通时应更换磁场线圈。
(3)检查电刷在电刷座是否能顺畅滑动。
(4)检查电刷长度,电刷长度应在 12mm 以上。
(5)使用欧姆表检查绝缘电刷座与搭铁电刷座间应不导通。
(6)检查电刷弹簧弹力,电刷弹簧弹力为 14~18N。
(7)检查换向器表面是否有烧蚀斑点或脏污。
(8)检查换向器失圆度,换向器失圆度在 0.4mm 以下。
(9)检查换向器外径,外径低于规定值时,电枢应换新。换向器外径在 39mm 以上。

(10) 检查绝缘云母深度,绝缘云母深度最小值为 0.2mm,最大值为 0.5~0.8mm。

(11) 检查换向器与铁芯间应不导通,导通时电枢应换新。

(12) 检查换向器与电枢轴间应不导通,导通时电枢应换新。

(13) 检查各整流片间应导通,任意两片整流片间不导通时,电枢应换新。

(14) 检查电枢线圈是否短路。

(15) 检查单向离合器总成。

(16) 检查电枢轴与轴承之间隙。电枢轴与轴承之间隙为 0.2mm 以下。

53. 使用游标卡尺检查小齿轮间隙。检查前先将小齿轮稍推回。小齿轮间隙:0.25~0.30mm。间隙不符合规定时,改变调整垫圈的厚度以调整。减速型起动电机组合后,不需要检查小齿轮间隙。

五、看图填空

1. 1-蓄电池;2-起动机电路;3-电磁开关;4-飞轮;5-起动机;6-控制电路;7-点火开关

2. 1-蓄电池;2-起动开关;3-起动安全开关;4-起动机

3. 1-电枢铁芯;2-电枢线圈;3-整流子;4-电枢轴

4. 1-点火开关;2-主触点;3-吸入线圈;4-吸住线圈;5-小齿轮

5. 1-外圈;2-离合器滚柱;3-内圈;4-小齿轮

6. 1-惰轮;2-驱动齿轮;3-起动机外壳;4-磁场线圈;5-电枢;6-电刷;7-电磁开关;8-起动离合器齿轮;9-驱动小齿轮

7. 1-单向离合器;2-环齿轮(固定);3-小齿轮;4-行星齿轮架;5-电枢;6-太阳齿轮

8. 1-电磁开关;2-柱塞;3-调整垫片;4-拨叉;5-小齿轮总成;6-电枢;7-磁场线圈

9. 1-端盖;2-磁场线圈外壳;3-电枢;4-小齿轮;5-惰轮;6-离合器总成;7-电磁开关总成

单元4 点火系统

一、判断题

1.√;2.×(接收ECU发出的控制指令);3.×(主控信号);4.√;5.√;6.√;7.×(是点火系统的修正信号);8.√;9.√;10.×(修正信号);11.√;12.√;13.√;14.×(初级电路);15.×(直流电);16.√;17.×(火花塞);18.√;19.×(冷却液温度越低电阻值越大,冷却液温度越高电阻值越小);20.√;21.√;22.×(点火线圈中的初级绕组电阻值比次级绕组电阻值大小);23.√;24.√;25.×(减小点火提前角);26.×(点火系统有故障);27.×(点火线圈初级绕组的电阻值和次级绕组的电阻值差很多);28.√;29.×(铁芯没有构成闭合回路);30.√;31.√;32.√;33.×霍尔效应原理);34.×(安装到发动机机体上);35.√;36.√;37.√;38.×(执行元件);39.×(线芯截面积很小);40.×(密封作用);41.×(冷型火花塞);42.√;43.×(初级电路导通,点火能量储存;初级电路截止,次级电路产生高压电;火花塞电极产生电火花,点燃混合气三个阶段);44.√;45.√;46.√;47.×(起动时点火时间控制通常由ECU内的备用IC直接设定固定点火时间);48.√;49.×(低温修正时最大的点火提前可达约15°);50.√;51.√;52.√;53.×(空燃比回馈修正的最大点火提前角度为5°);54.√;55.×(爆震较强时,点火时滞较多;爆震较弱时,点火时滞较少);56.√;57.√;58.×(当蓄电池电压下降时,应适当增大闭合角);59.√;60.×(初级线圈电阻很小);61.√;62.√;63.×(推迟点火时刻);64.×(拆下火花塞前);65.√;66.√;67.×(冷车时进行)

二、选择题

1.A; 2.C; 3.A; 4.D; 5.A; 6.D; 7.B; 8.B; 9.C;
10.B; 11.A; 12.C; 13.A; 14.A; 15.B; 16.A; 17.D; 18.D;
19.B; 20.C; 21.A; 22.C; 23.C; 24.C; 25.C; 26.C; 27.D;
28.D; 29.D; 30.C; 31.B; 32.D

三、填空题

1.传感器、电控单元、执行器;2.传统点火系统、电子点火系统、电控点火系统;3.爆震传感器、爆震;4.点火时刻、确认曲轴位置、活塞上止点、曲轴转角、发动机转速、磁感应式、霍尔效应式;5.汽车电源提供的12V低压电、15~20kV的高压直流电、开磁路式、闭磁路式;6.配电器、信号发生器;7.冷型火花塞、中型火花塞、热型火花塞;8.初级电路导通,点火能量储存;初级电路截止,次级电路产生高压电;火花塞电极产生电火花,点燃混合气;9.起动时点火时间控制、起动后点火时间控制;10.主控;11.凸轮轴转角信号、主控;12.节气门开度、修正;13.发动机冷却液、修正;14.进气温度、修正;15.爆震、修正;16.起动、修正;17.空调工作、修正;18.P挡和N挡、修正;19.ECU、点火线圈初级电路;20.越大、越小;21.最佳的控制参数;22.发动机的工作顺序;23.汽缸燃烧室;24.进气量;25.有分电器式电控点火系统、无分电器式电控点火系统;26.负温度系数热敏电阻(NTC电阻);27.磁感应式、霍尔效应式;28.磁力线的变化、信号转子、线圈、永久磁铁;29.霍尔效应原理、霍尔集成电路;30.霍尔元件、稳压电路;31. 压电式、发动机机体上;32. 压电原理检、加速度;33. 过滤频率、换传感器;34. 控制中枢、自诊断;35. 闭合回路、磁路磁阻大、泄漏多;36. 高能点火线圈、闭合磁路;37. 点火线圈、分电器中心插孔、铜芯线、阻尼线;38. 中心电极、1.0~1.2mm;39. 热型火花塞、冷型火花塞;40. 固定在一定值;41. 固定时间、基本点火时间、修正点火时间;42. 提前、15°;43. 提前、延后、±5°、不再作用;44. 点火时滞、5°;45. 点火时滞、不起作用;46. 点火时滞、点火时滞、点火延迟、提前点火;47. 闭合角控制、指数规律;48. 发动机转速、蓄电池电压、增大闭合角、增大闭合角;49. 恒流控制电路、规定值(7A);50. 型号、中央电极、间隙量规;51. 不正常燃烧现象、功率上升、金属敲击声;52. 接近临界爆震点;53. 点火时刻、推迟点火时刻

四、简答题

1. 点火系统的作用是将汽车电源提供的低压电转变为高压电,并按照发动机各缸的点火顺序和点火时刻的要求,适时准确地将高压电送至各缸的火花塞,使火花塞跳火,点燃汽缸内的可燃混合气体。如今的汽车发动机均已采用电控点火系统,主要由传感器、电控单元(ECU)及执行器组成。

2. 传感器用来检测发动机工作状态,并将信号传给 ECU;ECU 负责对传感器传送的信号进行分析、比较、处理,向执行器发出控制命令;执行器(点火控制器)接收 ECU 发出的控制指令,并按指令对点火线圈初级绕组电流进行控制,以产生足够的点火高压电。

3. 按点火方式的不同,点火系统可分为传统点火系统、电子点火系统和电控点火系统。电控点火系统按照是否安装分电器可分为有分电器式电控点火系统和无分电器式电控点火系统。二者的区别无分电器电控点火系统取消了分电器和高压线,每个火花塞都由单独的点火线圈控制,点火控制器也集成到了 ECU 中。

4. 发动机工作时,ECU 根据接收到的各传感器信号,按存储器中存储的有关程序和相关数据,确定出该工况下最佳点火提控制参数(点火时间和通电时间),并向点火器发出指令。点火器则根据 ECU 的指令,控制点火线圈初级电路的导通和截止。当电路导通时,有电流从点火线圈中的初级电路通过,点火线圈将点火能量以磁场的形式储存起来。当初级电路中的电流被切断时,在次级线圈中将产生很高的感应电动势(15~20kV)。而此时,随分电器轴一同旋转的分火头正好对准分电器盖上某缸的旁电极,高压电由分缸高压线送给火花塞,点火能量经火花塞瞬间释放,使火花塞跳火,产生的电火花点燃汽缸内的混合气,使发动机完成做功过程。

5. 电控点火系统主要传感器的作用如下:

(1)空气流量计检测进气量信号输入 ECU,点火系统的主控信号。

(2)曲轴位置传感器检测曲轴转速(转角)信号输入 ECU,点火系统的主控信号。

(3)凸轮轴位置传感器检测凸轮轴转角信号输入 ECU,点火系统的主控信号。

(4)节气门位置传感器检测节气门开度信号输入 ECU,点火系统的修正信号。

(5)冷却液温度传感器检测发动机冷却液信号输入 ECU,点火系统的修正信号。

(6)进气温度传感器检测进气温度信号输入 ECU,点火系统的修正信号。

(7)爆震传感器检测发动机爆震信号输入 ECU,点火系统的修正信号。

6. 点火系统各执行元件的作用如下:

(1)点火线圈利用变压器的原理可将汽车电源提供的 12V 低压电转变成能击穿火花塞

电极间隙的 15～20kV 的高压直流电。

(2)分电器按照发动机的工作顺序将产生的高压电送至各缸火花塞。

(3)火花塞的作用是将高压电引入汽缸燃烧室,产生电火花点燃可燃混合气。

7.控制单元是电控点火系统的控制中枢。在发动机工作时,它不断接收各输入信号输入的信息,并进行运算、分析、比较,按内部存储的程序计算出最佳的控制参数,并向执行器发出控制指令。同时,控制单元还具有自诊断功能,当各传感器的输入信号和执行器的工作情况出现异常时,会记录相应的故障信息,以便于诊断时读取。

8.曲轴位置传感器是发动机电子控制系统中最主要的传感器之一,它提供点火时刻(点火提前角)、确认曲轴位置的信号,用于检测活塞上止点、曲轴转角及发动机转速。具有这种功能的传感器形式很多,其中使用最多的是磁感应式和霍尔效应式传感器。

9.磁感应式曲轴位置传感器是利用磁力线的变化来识别转速和位置信号,传感器主要由信号转子、线圈和永久磁铁组成,当信号转子旋转时,磁路中的气隙就会周期性的发生变化,磁路的磁阻和穿过信号线圈磁头的磁通量随之发生周期性的变化。根据电磁感应原理,线圈中就会感应产生交变电动势,ECU 根据电压变化的次数来判断曲轴的位置和转数。

10.霍尔式传感器是利用霍尔效应原理来识别转速和位置信号,霍尔式传感器主要由触发叶轮(转子)、霍尔集成电路、导磁钢片(磁轭)与永久磁铁等组成。触发叶轮安装在转子轴上,叶轮上制有叶片(叶片数与发动机汽缸数相等)。当触发叶轮随转子轴一同转动时,叶片便在霍尔集成电路与永久磁铁之间转动。霍尔集成电路由霍尔元件、放大电路、稳压电路、温度补偿电路、信号变换电路和输出电路等组成。

11.爆震传感器用于点火系统的闭环控制,用来监控发动机是否出现爆震情况。发动机用爆震传感器多数采用压电式,通常安装到发动机机体上,通过发动机机体的振动来监控发动机的振动情况,并将发动机的振动转换成电压信号输送到 ECU,ECU 根据输入电压信号对是否爆震进行判断。

12.压电式爆震传感器是一种利用压电原理检测机体振动的传感器。传感器是以接收加速度信号的形式来判断是否产生爆震,发动机机体振动时,传感器内部的配重受机体振动的影响而产生加速度,压电元件就会受到配重加速时惯性力的作用,而产生电压信号。在爆震发生时的频率及该频率附近,这种频率(kHz)传感器输出的信号不会很大,而是具有稳定的输出特性。因此,为了能够根据该传感器输出的电压识别发动机是否发生爆震,必须将反映发动机振动频率的输出电压信号送到识别爆震的滤波器中,以判别是否有爆震信号产生。

13.点火线圈利用变压器的原理可将汽车电源提供的 12V 低压电转变成能击穿火花塞电极间隙的 15～20kV 的高压直流电。按其磁路结构形式的不同,点火线圈一般分为开磁路式和闭磁路式两种。

14.开磁路点火线圈中心是用硅钢片叠成的条形铁芯,由于铁芯没有构成闭合回路,所以称为开磁路点火线圈。铁芯外部套有绝缘的纸板套管,套管上绕有次级绕组,直径为 0.06～0.10mm 的漆包线,次级绕组一般约为 20000 匝。初级绕组是直径为 0.5～1.0mm 的高强漆包线,绕在次级绕组的外面,初级绕组一般约为 200 匝,绕组和外壳之间装有导磁钢套。为加强绝缘与防潮,条形铁芯底部装有瓷绝缘支座,外壳内充满沥青或变压器油等绝缘物。点火线圈的顶部是胶木盖,并加以密封。开磁路点火线圈磁路磁阻大,磁通量泄漏多,能量转换效率低。

15. 闭磁路点火线圈也称为高能点火线圈,在"口"字形铁芯内绕有次级绕组,在次级绕组外面绕有初级绕组,初级绕组产生的磁通量通过铁芯构成闭合磁路。与开磁路点火线圈相比,闭磁路点火线圈具有漏磁少、能量损失小、转换效率高、体积小、质量轻和易散热等优点,因此在点火系中广泛应用。

16. 分电器主要由配电器、信号发生器组成。配电器(分火头、分电器盖等)的作用是将点火线圈产生的高压电,按照发动机的工作顺序送至各缸火花塞;信号发生器的作用是产生脉冲信号,送给点火控制器,由点火控制器控制初级电路的通断。

17. 点火控制器也称为点火模块是电控点火系统的执行元件,其主要功用是根据控制单元(ECU)的指令来控制点火线圈初级电路的导通与截止。其内部为集成电路,全密封结构。

18. 高压导线用以连接点火线圈与分电器中心插孔以及分电器旁电极和各缸火花塞。由于工作电压很高(一般在15kV以上),电流强度较小,因此高压导线的绝缘包层很厚,耐压性能好,但线芯截面积很小。汽车用高压线有铜芯线和阻尼线两种,其电阻值因车型的不同而不同。

19. 火花塞的作用是将高压电引入汽缸燃烧室,产生电火花点燃可燃混合气。火花塞根据其热特性(用热值表示,数字越大,热值越小)的不同,可分为冷型火花塞、中型火花塞和热型火花塞。绝缘体裙部长的火花塞,其受热面积大,传热距离长,散热困难,裙部温度高,称为热型火花塞;反之,裙部短的火花塞,吸热面积小,传热距离短,散热容易,裙部温度低,称为冷型火花塞。热型火花塞用于低压缩比、低转速、小功率的发动机;冷型火花塞用于高压缩比、高转速、大功率的发动机。

20. 起动时点火时间控制。起动时发动机转速通常都低于500r/min,由于进气量或进气歧管压力信号不稳定,故根据发动机形式,将点火时间固定在一定值。通常由ECU内的备用IC直接设定固定点火时间。

21. 起动后的点火时间=固定时间+基本点火时间+修正点火时间。基本点火时间是由进气量或进气歧管压力信号与发动机转速信号决定。修正点火时间是由各相关传感器的信号为基础而修正。

22. ECU可根据各传感器的输入信号对点火时间进行修正,修正内容如下:
(1)低温修正。
(2)暖车修正。
(3)怠速稳定修正。
(4)高温修正。
(5)空燃比回馈修正。
(6)转矩控制修正。
(7)爆震修正。

23. 怠速运转时,转速因空调等的发动机负荷改变而变化时,ECU会改变点火时间,使怠速转速稳定。ECU不断的计算发动机转速平均值,若转速低于目标转速时,ECU使点火提前;若转速高于目标转速时,ECU使点火延后。最大点火时间修正值为±5°,当发动机转速超过预设值时,怠速稳定修正不再作用。

24. 发动机的空燃比回馈系统作用时,转速会随燃油喷射量的增加或减少而变化,而怠速对空燃比的改变特别敏感。因此根据氧传感器、节气门位置传感器、车速传感器等信号,配合空燃比回馈修正的喷油量,ECU 将点火提前,以确保怠速稳定。空燃比回馈修正的最大点火提前角度为5°,在车辆行驶时,此修正会停止作用。

25. 配备电子控制自动变速器的车辆,在换挡时,行星齿轮组的离合器或制动器接合时会产生某种程度的振动。因此根据曲轴位置传感器、节气门位置传感器、冷却液温度传感器等信号,在挡位开始变化时,ECU 使点火时滞,减低发动机转矩,以降低向上或向下换挡产生的振动。当冷却液温度或蓄电池电压低于预设值时,转矩控制修正不起作用。

26. 当发动机产生爆震时,ECU 根据信号的程度,分成强、中、弱三种,爆震较强时,点火时滞较多;爆震较弱时,点火时滞较少。当爆震停止时,ECU 停止点火延迟,并开始提前点火,一次一个固定角度。爆震修正时的最大点火提前角度为10°。

27. 根据冷却液温度传感器等信号,在低温时,ECU 使点火提前,以保持低温运转性能;当气温极低时,点火提前可达约15°。

28. 根据冷却液温度传感器等信号,当发动机冷却液温度低时,ECU 使点火提前,以改善驾驶性能。有些形式发动机在暖车修正时,会根据空气流量计信号,以适当提前点火角度。

29. 根据冷却液温度传感器信号,当冷却液温度过高时,为避免发动机过热与爆震,ECU 会使点火时滞,高温修正时的最大点火时滞为5°。

30. 通电时间控制也称闭合角控制。对于电感储能式电控点火系统,当点火线圈的初级线圈被接通后,通过线圈的电流是按指数规律增大的。初级线圈被断开瞬间所能达到的断开电流值与初级线圈接通时间长短有关。只有通电时间达到一定值时,初级电流才可能达到饱和。次级线圈高压的最大值与初级断开电流成正比,而次级电压的高低又直接影响点火系统工作的可靠性,所以在发动机工作时,必须保证点火线圈的初级电路有足够的通电时间。但如果通电时间过长,点火线圈又会发热并增大电能消耗。要兼顾上述两方面的要求,就必须对点火线圈初级电路的通电时间进行精确控制。

31. 影响初级线圈通过电流的主要因素有发动机转速和蓄电池电压。为了保证在不同的蓄电池供电电压和不同的转速下都具有相同的初级断开电流,当发动机转速高时,适当增大闭合角,以防止初级线圈通过电流值下降,造成次级高压下降,点火困难;当蓄电池电压下降时,基于相同的理由,也应适当增大闭合角。

32. 在电控点火系统中,为了减小转速对次级电压的影响,提高点火能量,采用了初级线圈电阻很小的高能点火线圈,其初级电流最高可达 30A 以上。为了防止初级电流过大烧坏点火线圈,在电控点火系统的点火控制电路中增加了恒流控制电路,保证在任何转速下初级电流均为规定值(7A),既改善了点火性能,又能防止初级电流过而烧坏点火线圈。

33. 爆燃是汽油机工作时的一种不正常燃烧现象,是汽油机运行中最有害的一种故障现象。轻微的爆燃,可使发动机功率上升,油耗下降,但爆燃严重时,汽缸内发出特别尖锐的金属敲击声,且会导致冷却液过热、火花塞或活塞产生过热、熔损等,造成发动机的严重损坏,因此必须防止爆震的发生。

34. 从最佳点火提前角的分析中可知,为了最大限度地发挥汽油机的潜能,应把点火提前角控制接近临界爆震点,同时又不能使发动机发生爆震。要使点火系统达到这样的性能要求,除了必须采用电子控制的点火系统外,还必须对点火提前角采用爆震反馈控制。为此,需要对发动机的汽缸压力或其他能对发动机爆震作出判断的相关参数进行检测,ECU 根据检测传感器信号,对发动机是否发生爆震作出判断,然后发出相应的执行指令。

35. 点火时刻是影响爆震的主要因素之一,推迟点火时刻(即减小点火提前角)对消除爆震有明显的作用。ECU 首先把来自爆震传感器的输入信号进行滤波处理,滤波电路只允许特定范围频率的爆震信号通过滤波电路,由此达到将爆震信号与其他振动信号分离的作用。然后,ECU 将此信号的最大值与爆震强度基准值进行比较,对是否发生爆震及爆震的强弱程度作出判断,如信号最大值大于基准值,则表示发生爆震,ECU 逐渐推迟点火时刻(减小点火提前角),直到爆震消失为止。无爆震时则逐渐提前点火时刻(增大点火提前角),当再次出现爆震时,ECU 又开始逐渐减小点火提前角。

36. 可通过对点火系统工作测试检查其是否正常工作,具体的检查方法如下:
(1)拆下火花塞。
(2)断开喷油器线速连接器。
(3)将火花塞安装到高压线上,并将火花塞搭铁。
(4)起动发动机,检查火花塞是否出现火花。
测试结果如果出现正常火花,说明点火系统控制电路及该汽缸高压线、火花塞工作正常;如果没有出现火花或出现的火花不正常,说明点火系统有故障,则进行相应线路检查。

37. 火花塞拆装注意事项如下:
(1)拆下火花塞之前要用压缩空气吹净火花塞座孔内的杂物,防止杂物掉入汽缸造成发动机严重损坏。
(2)如果热车时拆下火花塞会很烫,不要用手触摸,防止烫伤。
(3)安装火花塞时一定要注意对正火花塞螺纹与缸盖螺纹,否则可能造成缸盖损坏。
(4)一定要按规定力矩拧紧火花塞,否则可能造成点火系统工作不良。

38. 火花塞检查项目如下:
(1)火花塞外观检查。检查火花塞的型号、中央电极、搭铁电极、螺纹、垫片及瓷体等,并将积炭清除。
(2)火花塞间隙检查。使用间隙量规检查火花塞间隙。火花塞间隙为 1.0～1.1mm。

39. 分电器盖的检查方法如下:
(1)检查分电器盖是否有灰尘、积炭和裂纹。
(2)测量分电器盖各插孔之间的绝缘电阻,正常值应高于 50MΩ,低于规定值应更换。

40. 分缸高压线的检查方法如下:
(1)外观检查分缸高压线有无锈蚀、弯曲(两端头)和破裂现象,并视情予以更换。
(2)用万用表欧姆挡检测各分缸高压线的电阻值。电阻值应不大于 25kΩ(在 20℃时),否则应予以更换分缸高压线。

41. 用万用表分别测量初级绕组以及次级绕组之间的电阻值。电阻值的标准值为:初级绕组电阻为 0.45～0.55Ω;次级绕组的电阻为 16.8～25.2kΩ。若检测值不符合要求,则应更换点火线圈。

五、看图填空

1.1-ECU;2-分电器;3-火花塞;4-曲轴位置传感器

2.1-接线端子;2-壳体;3-密封装置;4-连接螺纹;5-NTC 电阻;6-冷却液

3.1-永久磁铁;2-转速传感器壳体;3-发动机壳体;4-软铁芯;5-线圈;6-齿隙

4.1-转子;2-软磁导磁体;3-霍尔集成电路;4-空气间隙;

5.1-套筒底座;2-绝缘垫圈;3-压电元件;4-惯性配重;5-塑料壳体;6-固定螺栓;7-接线插座;8-电极

6.1-初级绕组;2-次级绕组;3-附加电阻;4-铁芯

7.1-火花塞;2-铁芯;3-初级绕组;4-次级绕组

8.1-分电器壳体;2-点火控制器;3-分电器盖;4-分火头;5-点火线圈

9.1-陶瓷体;2-导电玻璃;3-中心电极;4-侧电极

答案部分

单元5 照明与信号系统

一、判断题

1.√;2.×(喇叭继电器);3.×(白炽灯泡);4.√;5.√;6.√;7.×(是2MPa的压力);8.×(均采用灯泡可拆卸式);9.√;10.×(膜片的振动);11.×(2型);12.√;13.√;14.√;15.×(仍起作用);16.√;17.×(串联);18.√;19.√;20.√;21.√;22.√;23.×(应点亮);24.×(增大,反之减小);25.×(变快);26.√;27.√;28.√;29.√;30.√;31.×(要求照射范围);32.×(不是越响越好);33.√;34.√;35.√;36.×(可以调整的);37.√;38.√;39.√;40.√;41.√;42.×(H4);43.√;44.√;45.√;46.√;47.√;48.√;49.√;50.×(在车门打开时灯才亮,车门关闭后熄灭);51.√;52.√;53.×(行李箱打开);54.×(接通);55.√;56.×(声音强弱的程度);57.×(声音高低的程度)

二、选择题

1.C; 2.B; 3.A; 4.B; 5.A; 6.B; 7.B; 8.A; 9.C; 10.C; 11.C; 12.A; 13.A; 14.D; 15.D; 16.C; 17.A; 18.C

三、填空题

1.车外照明、车内照明;2.喇叭信号、灯光信号;3.前照、前雾、牌照、仪表照明、转向信号、制动、倒车、示廓;4.白炽、卤素、氙气;5.转向灯开关、警告灯开关、转向灯、转向指示灯、闪光继电器、点火开关;6.铁芯间隙、触点;7.电磁式、电子式、压缩空气式;8.电容式、电子式、IC式;9.电流、压降;10.音调、音量;11.闪光器、电容式、晶体管式、IC式

四、简答题

1.闪光器的作用是串联在转向灯电路中,在汽车转弯(或变道)时,使转向灯发出明暗交替的闪烁光,以示汽车的行驶趋向。

2.将一片薄钢板周围固定,中央放置电磁铁,当开关闭合时,电磁铁产生吸力吸引钢板,开关打开时,钢板由本身的弹性弹回,产生振动,即可发出声波。我们设法使开关连续的ON-OFF,即可使钢板连续振动空气而发出声音。

3.电磁式喇叭,体积小,效率高,小型车普遍采用。

4.在真空状态的灯泡内装用钨丝的灯泡,即称为白炽灯泡。

5.卤素灯泡比普通灯泡在同样电功率下亮度高,寿命长,光度稳定。但卤素灯泡内的钨丝温度高达2900℃以上,因此必须使用即使因温度剧烈变化,也不会在玻璃内产生过度内部张力的石英玻璃。

6.氙气灯泡的优点为高亮度,驾驶人能看更清楚、更远,且体积更小,更省电及寿命更长。但其缺点为成本高,维修费用贵,高电压的危险性,及无远光灯等,不过远光灯部分目前已获得改善。

7.氙气前照灯系统主要由前照灯、氙气灯泡、点火器及ECU所组成。

8.喇叭继电器上有三个线头,S接按钮,H接喇叭,B接电源。内部为线圈及触点、触点架等。

9. 当对面有来车时,能自动地将远光变成近光,会车后再自动恢复远光,如此可以减少驾驶人忙于操作变光开关的麻烦,专心开车,增加行车安全。

10. OFF时灯熄,ON时灯一直亮着,DOOR时在车门打开时灯才亮,车门关闭后灯熄。

11. (1)仪表灯。(2)阅读灯。(3)车顶灯。(4)点火开关照明灯。(5)车门灯。(6)高位制动灯。(7)行李箱灯。

12. 照明系统用于提供车辆夜间安全行驶必要的照明,包括车外照明和车内照明。信号系统用于提供安全行车所必需的信号,包括喇叭信号和灯光信号。

13. 汽车灯泡的种类和特点如下:

(1)白炽灯泡。白炽灯泡内为真空,灯泡内的真空,可避免空气中的氧使灯丝烧尽。白炽灯泡的体积大,耗电且寿命短,因此已被逐渐淘汰。

(2)卤素灯泡。在灯泡内充入氟、氯、碘等卤素气体,以取代白炽灯泡的真空,卤素气体是一种惰性气体,在此气体内灯丝烧耗慢,并允许灯丝在高温下工作。卤素灯泡比普通灯泡在同样电功率下亮度高,寿命长,光度稳定。

(3)氙气灯泡。氙气是用在高强度放电(High Intensity Discharge,HID)灯泡上,HID灯泡是一种在两电极间因高电压产生电弧,而在灯泡内产生光度的装置。氙气灯泡的优点为高亮度,且体积更小,更省电及寿命更长;但其缺点为成本高,维修费用贵,高电压的危险性,及无远光灯等。

14. 前照灯电路一般由前照灯开关、变光开关、前照灯继电器等组成。

15. 转向灯及危险警告灯电路的共同点是共用车前与车后的转向灯,及车内的转向指示灯,以及一些车型共用一个闪光器。而两者的相异点为功能不同,一为单侧转向灯闪亮,作为转向指示用,一为所有转向灯均同时闪亮,作为危险警告用;另外危险警告灯不经点火开关控制,只要压下开关,车外的转向灯及车内的转向指示灯均同时闪烁。

16. 氙气灯泡的外管是采用抗UV玻璃,以遮蔽紫外线。

氙气灯泡的光源是靠电弧,实际的放电灯泡宽约10mm,两个钍钨电极伸入石英玻璃制灯泡内,HID电极间的距离为4mm。

17. LED省电、不发热、反应速度极快、寿命长及设计自由度高等优点,因此目前已越来越普遍用在仪表板显示、高位制动灯、制动灯、尾灯及转向灯等,以制动灯为例,由于点亮速度快,故可提高行车安全。

18. 前照灯开关通常有三个位置。

一位置:OFF,关灯,无电流进入。

二位置:电流送到驻车灯、尾灯、仪表灯、示宽灯、牌照灯等。

三位置:电流送到第二位置与前照灯。

19. 有些汽车在前照灯电路中装置继电器,使前照灯直接接到蓄电池,减少前照灯电路的电压降,以提高前照灯效率。远光与近光分别由一个继电器控制。

20. 前照灯冲洗装置可清洗前照灯镜面脏污,提高行车安全。

前照灯冲洗装置由前照灯冲洗开关、控制器、储水罐、冲洗电动机及喷嘴等组成。

21. 自动前照灯范围调整系统,不论汽车装载状态如何,用以确保氙气前照灯永远照射正确的范围。附加控制单元的轴传感器装在后轴或后悬架上,以计测后悬架被压缩向下几度,悬架位置改变的信号经处理后,送给与前照灯连接的执行器,以保持氙气前照灯正确的照射范围,来避免对方眼睛发生炫目。

22. 大部分汽车使用的转向灯均为闪烁式,包括转向灯开关、左右的车前转向灯、车后转向灯、车侧转向灯及转向指示灯、闪光器、熔断丝、点火开关等。其灯泡通常为21W,侧转向灯则使用5W灯泡。

23. 当转向灯开关向左(右)扳时,蓄电池→点火开关→熔断丝→闪光器→转向灯开关→左(右)前、后、侧转向灯及指示灯搭铁,因闪光器的作用,使灯以每分钟60~120次的速度不断闪烁,以警告其他驾驶人及行人。

24. 将一片薄钢板周围固定,中央放置电磁铁,当开关闭合时,电磁铁产生吸力吸引钢板,开关打开时,钢板由本身的弹性弹回,产生振动,即可发出声波。设法使开关连续的ON—OFF,即可使钢板连续振动空气而发出声音。

25. 盆形喇叭的动作过程为:

(1)压下喇叭按钮,蓄电池来的电流进入线圈。

(2)产生吸引力。

(3)由于活动柱被吸引,振动板随之移动。

(4)活动柱被吸引至与白金接点接触,使点打开。

(5)白金触点打开时,电路中断,故吸力消失;但振动板总成因惯性会继续移动,与固定在外壳上的铁芯发生撞击。活动柱与铁芯的撞击力,使振动板总成产生振动,因而发出声音。

(6)撞击后,振动板总成因撞击而跳回及本身的弹力,反方向回到原位。

(7)接着接点再闭合,又产生吸引力,回到(2)的动作状态。

如此,只要喇叭按钮持续压着,动作顺序会在(2)~(7)间反复作用。

26. 检查和更换汽车灯泡的准备工作如下:

(1)汽车进入工位前,将工位清理干净,准备好相关的工具和器材。

(2)拉紧驻车制动器操纵杆,并将变速杆置于空挡或驻车挡(P挡)。

(3)地面必须平坦、轮胎气压必须在标准值、行李舱不可放置重物以保证汽车水平停放。

(4)蓄电池在充满电状态。

(5)粘贴翼子板和前脸磁力护裙。

(6)准备零件盒,以放置零件。

27. 检查与更换汽车灯泡的技术标准、要求如下:

(1)安装配套使用功率的各种灯泡。

(2)检查前照灯和前雾灯光束照射位置,必要时进行调整。

(3)按照规范要求拆装各种车灯总成。

28. 检查与更换喇叭的技术标准、要求如下:

(1)安装配套使用的汽车喇叭并正确连接汽车喇叭导线。

(2)汽车喇叭线圈的电阻值为 $0.4 \sim 1.5\Omega$。

(3)汽车喇叭接线柱与外壳绝缘性能良好。

(4)正确调整汽车喇叭的音量和音调。

29. 检查和更换汽车喇叭的步骤如下：

(1) 接通电源,压下喇叭按钮,检查喇叭作用是否正常。

(2) 检查喇叭电路作用是否正常。

(3) 拆卸汽车喇叭。将点火开关处于 OFF 状态,用手拔下汽车喇叭电插头。

(4) 检查喇叭线圈。使用万用表检查汽车喇叭电阻,电阻值为 $0.4 \sim 1.5\Omega$,则证明线圈良好;如果电阻值为 ∞,则证明线圈断路,应更换汽车喇叭。

(5) 测量汽车喇叭接线柱与外壳的绝缘性能。

(6) 检查喇叭继电器。

30. 连接蓄电池、电流表与喇叭。喇叭工作时,注意电流表读数,并使用音量计检查喇叭音量。喇叭响声的高低与电流量成正比。

电流不合规定时,或喇叭发出的声音不正常时,可通过调整气隙和活动触点臂的压力大小来进行调节,此项调整非常灵敏,每次转动调整螺钉不可超过 1/10 转。

五、看图填空

1. 1-前照灯固定框;2-灯泡密封式前照灯;3-调整架;4-固定架

2. 1-密封式外壳;2-反射镜;3-灯丝;4-卤素灯泡

3. 1-氙气灯泡;2-球型透镜;3-点火器;4-电子控制器(ECU)

4. 1-温度表;2-油量表;3-速度表;4-里程表;5-转速表;6-各警告灯

5. 1-膜片;2-活动铁片;3-线圈;4-共鸣管

6. 1-压电元件;2-共鸣室;3-振动部

单元 6　仪表与电子显示系统

一、判断题

1. ×(汽油箱里);2. ×(电阻大);3. √;4. ×(E 处);5. √;6. ×(电阻大);7. ×(是利用 VSS 及处理器的电子控制);8. √;9. √;10. √;11. ×(仍然留在原位);12. √;13. ×(两片);14. ×(常以 LED 为照明);15. √;16. ×(模拟);17. √;18. ×;19. √(需要);20. √(不允许);21. √;22. ×(平均直流电);23. √

二、选择题

1. C;　2. A;　3. D;　4. B;　5. A;　6. C;　7. A;　8. D;　9. C;
10. D;　11. C;　12. A;　13. C;　14. C

三、填空题

1. 变大、变小;2. 电热式、电磁式、电热式、电阻式;3. 车速表、转速表、燃油表、冷却液温度表、报警及指示灯;4. 仪表;5. 接收器、指示表、传感器;6. 燃油表;7. 膨胀系数;8. 冷却液温度表;9. 车速、行驶总里程、短程行驶距离;10. 电流表、燃油表、冷却液温度表、机油压力表、车速里程表、发动机转速表;11. 主油道机油压力、机油压力传感器;12. 冷却液温度、80～105℃、缸盖、水管;13. 燃油箱中的存油量、燃油箱、可变电阻;14. 发动机曲轴转速、机械、电子、电子;15. 发光型、非发光型;16. LED;17. 警告灯、报警开关;18. 印刷线路;19. 亮、熄灭;20. 亮、熄灭;21. 点亮;22. 使用极限;23. 液面过低;24. 电热式、电磁式、电子式

四、简答题

1. 有些行车信息的显示,并不要求很高的精确度。以发动机冷却液温度为例,模拟式温度表的指针只在约中间稍下方的位置时,驾驶人一看就能确定冷却液温度是否在适当的范围;若是以数位显示冷却液温度为 98℃,驾驶人反而不易认定冷却液温度是否正确。这就是系统采用数位处理技术,但显示是采用模拟方法的原因。

2. 为避免表的指示受外界温度的影响,使用两片热偶片成 U 字形,如此外界温度变化时,固定端与自由端的弯曲量相同,因外界温度变动所产生的弯曲互相抵消,因此表的指针不会因外界温度变动而发生指示误差,这是热偶片的温度补偿。

3. 当点火开关在 OFF 时,指针仍留在原位。

4. 部分警告灯的搭铁开关是在电子控制模块内,也就是用电子控制模块监测系统的作用,当有故障时,电子控制模块内的搭铁开关搭铁,使警告灯点亮。

5. 汽油表、温度表等各种仪表是由两部分组成,一为表本体,或称接收器,另一为传感器,两者间使用电线连接作用。接收器中有指针及刻度,做各测定值的指示;传感器在各部位进行测定,以提供接收器测定值。

6. 为使电热偶式仪表的指示不受电源电压变动的影响,所有电热偶式仪表的前面一定装有电压调节器,使流到仪表的电流量保持一定,不因电压的变化而影响表的读数。

7. 当汽油箱油量少时,浮筒降到下面位置,传感器的电阻变大,电由蓄电池→点火开关→电压调节器→汽油表接收器电热线→传感器电阻→搭铁。因电阻值大,通过热偶片电

热线的电流小,产生热量少,热偶片弯曲量少,指针指在 E(无油)附近。

8. 当冷却液温度低时,热敏电阻的电阻值大;当冷却液温度高时,热敏电阻电阻值小。

9. 由分电盘白金触点的开合(ON – OFF),利用电子电路转换成直流电流的脉冲,使电容器充放电,再将放电电流以电流表读取,便知发动机的转数。

10. 开关在搭铁侧,即警告灯或指示灯电路是在外部搭铁。当点火开关在 ON 时,电压供应至灯泡处,因此搭铁开关闭合时,警告灯或指示灯点亮;搭铁开关打开时,灯则熄灭。

开关在电源侧,即警告灯或指示灯电路是在内部搭铁。这种情况,点火开关不需要在电路内,取而代之的,利用开关装在蓄电池与灯路之间,当开关闭合时,警告灯或指示灯点亮,直至开关又打开,如远光指示灯、危险警告灯、安全带未系警告灯等。

部分警告灯的搭铁开关是在电子模块内,也就是是由计算机监测系统的作用,当有故障时,计算机内的搭铁开关搭铁,使警告灯点亮,发动机故障警告灯、ABS 警告灯、SRS 警告灯等。

11. 充电警告灯,当驾驶人打开点火开关时灯亮,发动机发动后,发电机定子中性点(N)的电压达一定值时灯熄。

12. 机油压力警告灯、充电警告灯、驻车制动警告灯、远光指示灯、转向指示灯、挡位指示灯、车门未关警告灯、安全带未系警告灯、发动机故障警告灯、ABS 警告灯、SRS 警告灯等。

13. 电子式冷却液温度表是由可变电阻器(冷却液温度传感器)、处理器(计算机)及显示器所组成。当冷却液温度低时,NTC 型冷却液温度传感器电阻高,流过的电流小,传感器两端的电压高,模拟/数字转换器将高电压信号转为数字信号,送给微处理器,微处理器再送出信号给输出驱动器,使显示器显示出 75 ℉(23.9℃)的冷却液温度;反之,当冷却液温度逐渐升高时,因 NTC 型冷却液温度传感器电阻逐渐降低,流过的电流逐渐变大,因此传感器两端电压逐渐变低,故冷却液温度的显示会逐渐升高。

14. 当驾驶人打开点火开关时灯亮;起动发动机,机油压力达到规定值 0.3 ~ 0.5MPa 以上时,警告灯熄灭。油压低于规定值时警告灯亮,表示机油压力不足,须立刻停车检查。

15. 机油压力警告灯系统由装在仪表板上的警告灯及装在发动机主油道的压力开关组成。

当机油压力低于规定值时,弹簧将膜片向下推,使触点闭合,警告灯亮;当机油压力高于规定值时,油压克服弹簧力,将膜片上推,使触点分开,警告灯熄灭。

16. 综合信息系统能够从大量的信息中选择出驾驶人所需要的各种信息内容,包括电子行车地图、维修等信息,还可以显示电视、广播、电话等信息。显示器通常采用阴极射线管(CRT)显示器,其阴极射线管屏幕是触摸式的,通过触摸屏幕上的按钮(菜单)便能变更显示的内容。

17. 阴极射线管显示器的优点是可以彩色显示、响应速度快、对比度高以及工作测试范围宽;缺点是体积大、质量大、驱动方法复杂,且需要有较高的驱动电压。

18. 热偶片是两片膨胀系数相差很大的金属片,一般使用黄铜与弹簧钢,相重叠在一起而成,将膨胀率极小的弹簧钢置上侧,膨胀率大的黄铜置下侧,当加热后,尾端即向上弯,热偶片的弯曲量与温度的变化成正比。

热偶片若只用一片,则热偶片会因外界温度的变化而弯曲,使表的指示失准,为避免表的指示受外界温度的影响,使用两片热偶片成 U 字形,如此外界温度变化时,固定端与自由端的弯曲量相同,因外界温度变动所产生的弯曲互相抵消,因此表的指针不会因外界温度变动而发生指示误差,这是热偶片的温度补偿。

19. 由变速器输出轴带动的软轴所驱动,车速表指针的指示是因软轴带动磁铁旋转时,使转盘也发生回转力,此回转力与游丝弹簧的弹力平衡时指针指示在一定位置。

回转磁铁之所以使转盘转动,其原理是把导体置于回转磁场中,导体便感应产生电流,而发生与回转磁场同方向扭矩。回转磁铁是永久磁铁产生的磁力线,由 N 极发出,切割转盘后回到 S 极。在磁场中的转盘,当有电流发生后,会产生顺时针方向旋转的作用。所以回转磁铁旋转时,转盘会随着产生同方向的旋转。

转盘的旋转力与回转磁铁的回转速度(即车速)成正比,而游丝弹簧的力与此回转力平衡时,便决定了指针的指示位置。

20. 里程表是以车速表回转磁铁的驱动软轴,驱动特殊的齿轮来带动计数环,从计算行驶里程。全程表通常有五个计数环,末位数每转一圈代表汽车行驶 1km。如今的汽车的全程表的最右侧通常再附一组白底黑字,每一数字代表 1/10km 的计数环。

短程表通常为三位数,随时可以用归零装置,使每个计数环都回到 0。

21. 当燃油箱油量少时,浮筒降到下面位置,传感器的电阻变大,电流由蓄电池→点火开关→电压调节器→燃油表接收器电热线→传感器电阻→搭铁。因电阻值大,通过热偶片电热线的电流小,产生热量少,热偶片弯曲量少,指针指在 E(无油)附近。

当燃油箱油满时,浮筒升到上面位置,传感器的电阻减到最小,流过热偶片的电流增大,产生热量多,热偶片弯曲最大,指针指在 F(油满)附近。

22. 电子式车速表,是由车速传感器(VSS)、处理器及指针式车速表所组成。车速传感器是采用电磁式,为一种小型 AC 信号产生器,由变速器输出轴驱动,当汽车行进时,VSS 产生的电压信号与车速成正比,送给处理器放大、计算及处理后,使指针摆动以显示速度。

与一般式车速表的相同点,为使用电磁式车速表;不同点为不使用机械式的软轴,而是利用 VSS 及处理器的电子控制作用,为许多汽车所采用。

23. 指示发动机转速,使驾驶人了解发动机正在运转、发动机怠速,及避免发动机超速运转。

转速表通常都是利用送到点火线圈的脉冲电压或电流,使指示器作用,以显示发动机转速。分电盘白金触点的 ON—OFF,或点火系统 ECU 使点火线圈电流 ON—OFF,电子电路利用此 ON—OFF 信号,使模拟式指针或数字显示器作用。

24. 电子车速表与一般式车速表的相同点,为使用电磁式车速表;不同点为不使用机械式的软轴,而是利用 VSS 及处理器的电子控制作用,为许多汽车所采用。

25. 当没有电流流过电流表时,软钢转子就被永久磁铁磁化而相互吸引指针保持在中间"0"的位置。

当蓄电池向外供电时,放电电流通过黄铜板条产生的磁场与永久磁场形成一个合成磁场,在合成磁场吸引下,软钢转子偏转一个与合成磁场方向一致的角度。于是转子就带动指针指向刻度板"—"的一侧,放电电流越大,合成磁场越强,电流表指针偏转角度也越大,指示放电电流数值也越大。

当发电机向蓄电池充电时,指针指向与蓄电池向外供电时相反。

26. 在正常情况下,踩下制动踏板,制动灯开关接通,电流经左、右两电磁线圈到制动信号灯。此时,两线圈所产生的磁场相互抵消,舌簧开关的触点继续处于常开状态,警告灯不亮;当左、右两个制动信号灯中有一个灯泡坏了,或者线路有断路时,则有故障一侧的电磁线圈将不产生磁场,而另一侧的电磁线圈产生磁场,舌簧开关中的触点将闭合,警告灯亮,提醒驾驶人制动灯电路有故障。

27. 制动器摩擦片极限警告灯的作用是当制动器摩擦片磨损到使用极限厚度时,提示制动器摩擦片需要更换,发出报警信号。

其原理为在摩擦片内部埋有一段导线,该导线与组合仪表中的电子控制器相连。当摩擦片没有到使用极限时,电子控制器中的晶体管基极电位为低电位,晶体管截止,警告灯不亮;当摩擦片到使用极限时,摩擦片中埋设的导线被磨断,电子控制器中的晶体管基极电位为高电位,晶体管导通,警告灯亮。一般情况下,制动器摩擦片使用极限报警与制动液不足报警共用一个警告灯。

28. 仪表就是汽车各部位如燃油箱、冷却液、机油、充电系统等的监视系统,能够让驾驶人随时了解汽车各部的运行状况,保证安全驾驶。现代汽车除了车速表、转速表、燃油表及冷却液温度表外,为了提高对驾驶人的报警及指示作用,利用各种报警及指示灯来代替仪表,另外再增加驻车制动警告灯、远光指示灯、转向指示灯、挡位指示灯、车门未关警告灯、安全带未系警告灯、发动机故障警告灯、ABS 警告灯、SRS 警告灯等各种报警及指示灯。

29. 燃油表、温度表等各种仪表是由两部分组成,一为接收器,或称指示表,另一为传感器,两者间使用电线连接作用。接收器中有指针及刻度,做各测定值的指示;传感器在各部位进行测定,以提供指示表测定值。

接收器有电热式及电磁式两种,传感器有电热式及电阻式两种,故仪表的组成有数种。

30. 电热式仪表是利用电流流经绕在热偶片外的电热线产生热量,使热偶片弯曲,仪表的指针移动,以指示正确读数。

当电源发生变化,如发动机低速与高速时发电机发出电压不同时,电压高则流经电热线的电流较大,产生的热量较多,热偶片的弯曲量大,指针的读数会较高;电压低时,指针的读数会较低。如此会造成仪表的指示失准。

31. 为使电热式仪表的指示不受电源电压变动的影响,所有电热式仪表的前面一定装有电压调节器,使流到仪表的电流量保持一定,不因电压的变化而影响表的读数。电压调节器有电热式及IC式两种。

32. 一般仪表都是以指针及刻度表示数量,表示速度快,可以直接目视读取,但精确度较差。而电子仪表则以数字直接表示数量,读取不会错误,容易辨认,准确性高,可靠性高,适于高精度要求的仪表。

33. 数字显示器是由综合仪表内的 CPU 控制,利用输入的讯号,CPU 将之转换为正确的线节以形成数字、文字或棒状图形,数字显示方式通常采用发光二极管(LED),LED 应用于电子装置的指示与数字显示用,耗电极低,且寿命长达 50000h。当电流通过时,能产生红色、黄色及绿色光,光色会因制程的差异而稍有不同。利用7线节或11线节显示,以形成数字或文字,或 LED 也能排列组合成棒状图形。

34. 传感器装在燃油箱内,燃油箱中的浮筒随油量的多少而升降,经过连杆使传感器中的电阻值发生变化。

当燃油箱油量少时,浮筒降到下面位置,传感器的电阻变大,电流由蓄电池→点火开关→电压调节器→燃油表接收器电热线→传感器电阻→搭铁。因电阻值大,通过热偶片电热线的电流小,产生热量少,热偶片弯曲量少,指针指在 E(无油)附近。

当燃油箱油满时,浮筒升到上面位置,传感器的电阻减到最小,流过热偶片的电流增大,产生热量多,热偶片弯曲最大,指针指在 F(油满)附近。

35. 仅在点火开关 ON 挡时才作用,当点火开关在 OFF 挡时,指针回到 0 位置。为归零式燃油表的构造,其转子为半圆形,当点火开关在 OFF 挡时,线圈的磁力线消失,转子靠本身重量回到 0 位置。

36. 如今的汽车均采用非归零式燃油表,当点火开关在 OFF 挡时,指针仍留在原位。其转子的形状为圆盘状,通过硅油的黏度与量保持指针在一定的作用位置。指针的移动速度很慢,从点火开关打开到指针稳定为止,约需 2min。

37. 由传感器、处理器及显示器所组成,处理器是计算机的其中一种称呼。燃油箱可变电阻式传感器(信号器)产生模拟信号,模拟/数字转换器将模拟信号转换为二进位数或称二进制代码的信号给微计算机,经微计算机处理后将数字信号送给仪表板内电路,以照明正确的线节,显示出汽油存量。

38. 冷却液温度表(水温表)用来指示发动机冷却液的温度,使驾驶人能知道发动机的工作温度,以防发动机过热而损坏。

39. 电子式车速表,是由车速传感器(VSS)、处理器及指针式车速表所组成。车速传感器是采用电磁式,为一种小型的 AC 信号产生器,由变速器输出轴驱动,当汽车行进时,VSS 产生的电压信号与车速成正比,送给处理器放大、计算及处理后,使指针摆动以显示速度。

40. 与一般式车速表的相同点,为使用电磁式车速表;不同点为不使用机械式的软轴,而是利用 VSS 及处理器的电子控制作用。

车速传感器也可采用光电式,其遮光板是靠软轴驱动,而软轴是由变速器输出轴带动。若 VSS 是采用电磁式,直接装在变速器输出轴处,则不必装用软轴。

41. 机械电子式里程表,是由车速传感器(VSS)、处理器及步进电动机与机械式里程表所组成。VSS 信号送给处理器,处理器控制步进电动机作用,使机械式里程表显示正确的数字。

42. 发动机转速表指示发动机转速,使驾驶人了解发动机正在运转、发动机怠速,及避免发动机超速运转。

43. 转速表通常都是利用送到点火线圈的脉冲电压或电流,使指示器作用,以显示发动机转速。分电盘白金触点的 ON-OFF,或点火系统 ECU 使点火线圈电流 ON-OFF,电子电路利用此 ON-OFF 信号,使模拟式指针或数字显示器作用。

44. 警告灯的作用主要是当汽车各系统有故障时,红灯或黄灯亮,提醒驾驶人注意;做指示用时,则采用绿灯或蓝灯。现代汽车仪表板处的报警及指示灯,现在常以 LED 为照明。

45. 综合信息显示系统的组成包括:用于管理和控制整个系统的 CRT ECU;用于调用 CD ROM 数据并传送给 CRT ECU 的 CD ECU;接收电视信号并与 CRT ECU 通信的 TV ECU;控

制音响系统并与 CRT ECU 通信的音频 ECU；控制空调并与 CRT ECU 通信的空调 ECU；从 GPS 卫星接收无线电信号、计算汽车的当前位置并传送给 CRT ECU 的 GPS ECU；控制蜂窝电话并与 CRT ECU 通信的电话 ECU。

46. 显示系统的触摸键盘通常是以模拟形式显示在屏幕上，用手指触摸键盘即可进行操作，从而简化了选择信息的过程。通常，显示系统采用红外触发开关来检测屏幕是否被触摸。

在显示器的两端都有一个红外 LED 和光敏晶体管相对。在显示器键盘未被触摸时，红外 LED 的光束到达光敏晶体管促使其导通。键盘被触摸时，红外 LED 光波被截断，光敏晶体管立即截止。红外 LED 和光敏晶体管的混合体安放在显示器的多个地方。因此，屏幕上被触摸到的键盘位置由被关断的光敏晶体管所在位置测定。

47. 组合仪表拆装的技术标准与要求如下：

(1) 拆装组合仪表时，应先拆下蓄电池负极电缆，以免手触摸仪表板后面时造成线路短路。

(2) 拆组合仪表装饰面板时，由于固定螺钉一般是隐蔽的，因此要仔细查找固定螺钉，否则强行拆卸将会损坏装饰面板。

(3) 拆装组合仪表时，应注意仪表板后面的线束插接器及车速里程表软轴接头，一般都带有锁止机构，切忌强拆。

(4) 从电路板上拆下仪表表芯、电源稳压器、照明及指示灯时，小心不要损坏印制电路。

48. 组合仪表的拆装步骤如下：

(1) 拆卸驾驶人侧的安全气囊装置。松开六角螺栓。

(2) 把转向盘放置在中间位置上使车轮放正。从转向柱中间拔出转向盘。

(3) 把两个十字槽头螺钉拧开，拆除转向柱开关的上罩盖。

(4) 把 4 个十字槽头螺钉拧开，把内六角螺栓拧开，拆开转向盘的高度调整装置，拆除转向柱开关的下罩盖。

(5) 拧松内六角螺栓，从转向柱开关中拔出插头，拆除转向柱开关。

(6) 拉出罩盖，拧开螺钉 1 和 2，从车门压板中夹出和拆除下面的驾驶人侧面 A 柱的面板。

(7) 夹出罩盖 1，拧出螺钉，拆除驾驶人侧的杂物箱 2，脱开前照灯开关 3 的插头连接和照明范围调节器 4 的插头连接。

(8) 向上移动护板，用辅助工具夹紧，拆下 4 个螺钉，拧下盖子。

(9) 拧开两个螺钉，取下组合仪表，断开插头连接。

49. (1) 按照规范要求拆装与检查各种仪表。

(2) 正确使用各种检查仪器与工具检查各仪表的工作状况。

(3) 各仪表的技术参数应符合要求。

(4) 单独更换表芯或仪表传感器时，注意仪表与传感器必须配套使用。

50. 燃油表传感器检查：将传感器从油箱内拆下，使用欧姆表检查传感器浮筒在各位置时的电阻。

燃油表检查：将蓄电池电压及一定的电阻值送入燃油表，检查燃油表指针指示位置是否正确,燃油表指示若不正常,故障位置为仪表板电路或燃油表本身。

51. 水温传感器检查:拆下冷却液温度传感器,冷却液温度传感器置于水中加热,检查其电阻。电阻在 190～260Ω(在 50℃时)之间。

温度表检查:将蓄电池电压及一定的电阻值送入温度表,检查温度表指针指示位置是否正确。温度表指示若不正常,故障位置为仪表板电路或温度表本身。

52. 将机油压力开关的插销拆下搭铁,若机油压力指示灯此时才点亮,表示机油压力开关损坏。机油压力开关的插销与本体间以欧姆表测量,发动机熄火时应导通,发动机发动后应不导通。

53. 将发电机上 W/B 电线接头拆下搭铁,发动发动机,充电指示灯应点亮;若指示灯不亮,应检查充电指示灯、电线及发电机等。

54. 将制动液开关接头拆开,两插销间跨接,若此时制动指示灯才点亮,表示制动液开关损坏。

55. 使用欧姆表检查驻车制动开关,驻车制动开关内柱塞压入时应不导通。

56. 使用欧姆表检查车门开关,车门开关内柱塞压入时应不导通。

57. 使用底盘测功机,检查车速表指示值是否在容许范围内。车速表及里程表不动时,拆开驱动轴接头,检查内部的软轴是否折断;或检查变速器处的驱动齿轮。

58. 转速表作用时:另接转速表,发动发动机。检查另接的转速表在标准值时,车上转速表的转速是否在容许范围内。

转速表不作用时:拆开仪表板,转速表接在 2E 与 2G 两插销上。发动发动机,若转速表显示正确的转速,表示仪表至点火器间的电线或接头有问题。

五、看图填空

1. 1-燃油表;2-速度表;3-里程表;4-温度表。
2. 1-转向指示灯;2-汽油表;3-车速表;4-速度表;5-双短程表;6-冷却液温度表
3. 1-电热偶式汽油表;2-可变电阻器;3-热偶片;4-电压调节器
4. 1-传感器;2-接收器;3-电压调节器
5. 1-排气温度警告灯;2-机油压力警告灯;3-充电警告灯;4-远光指示灯;5-驻车制动及油量警告灯;6-ABS 警告灯;7-挡位指示灯;8-安全带未系;9-发动机故障警告灯;10-SRS 警告灯;11-车门未关好警告灯
6. 1-温度表;2-汽油表;3-速度表;4-全程里程表;5-转速表;6-短程里程表

单元7 空调系统

一、判断题

1.√;2.×(气态);3.×(蒸发器);4.√;5.×(控制冷空气通过暖气散热器的比例);6.√;7.×(气态转换为液态);8.√;9.×(流出并非100%液体)10.×(高压变低压);11.√;12.×(20000 km);13.×(后风窗一般采用电加热);14.√;15.×(冷却水量);16.×(制冷剂从高压管路注入,低压表侧管路关闭,制冷剂罐倒置);17.×(装在储液干燥器上)

二、选择题

1.C; 2.D; 3.A; 4.C; 5.A; 6.B; 7.B; 8.B; 9.B; 10.D

三、填空题

1.过滤器、干燥机、引出管、观察窗玻璃;2.管片式、管带式、平行流式;3.冷凝器、储液干燥器、膨胀阀、蒸发器、导管与软管、压力开关;4.压缩、放热、节流、吸热;5.低温低压、高温高压;6.液态、雾状;7.雾状、蒸发成气体、蒸发过程、低温低压气体;8.高温高压、冷凝成液体;9.使系统内产生低压条件、使制冷剂循环、把制冷剂蒸汽从低压压缩至高压;10.曲柄连杆式、斜盘式、旋转式、可变容量;11.高温高压、液态高压;12.高压、低压;13.开启或关闭位置、流量;14.储液干燥器的出口、蒸发器的进口、蒸发器的出口、压缩机的进口;15.R12、R134a;16.0%、"冰塞";17.R12、R134a;18.13号、18号、25号、30号、SUNISO 3GS、SUNISO 4GS、SUNISO 5GS;19.热水循环回路、配气装置;20.加热器总成、电动鼓风机总成、热水阀;21.加热器控制阀、加热芯;22.电动机、风扇、轴流式、离心式;23.动压通风、强制通风、综合通风;24.空气过滤式、静电集尘式;25.空气进入段、空气混合段、空气分配段;26.气源门、气源门控制元件、新鲜空气;27.蒸发器、加热器、调温门、控制元件;28.位置、方向、各种风门、风道、控制元件;29.暖风加热、电热线加热

四、简答题

1.压缩机俗称空调泵,其作用是使制冷剂保持循环。压缩机的吸气侧抽吸制冷剂蒸汽,将制冷剂蒸汽加压后流经压缩机的出口或排放侧。高压、高温的气态制冷剂被压出压缩机而流入冷凝器。

2.当液态制冷剂蒸发成为气态制冷剂时,需要大量的气化热。蒸发器就是利用此原理将膨胀阀送来的液态制冷剂在低压低温下吸收周围空气的热量,使车室内的温度降低,以达到冷却的效果。

3.压缩机的运转与不运转完全由电磁离合器控制,而电磁离合器则由A/C开关来控制,当A/C开关在ON的位置时,电流导通使电磁离合器产生磁力,吸引离合器板,离合器皮带盘与轴结成一体,带动压缩机运转。

4.当发动机在运转时,车室内温度低,或蒸发器温度太低时,或系统内有异常状况如制冷剂压力过高、制冷剂泄漏压力太低时,使电磁离合器分离,以减轻发动机负荷,节省燃料或保护压缩机。

5. 冷凝器功用是将由压缩机送来的高温高压气态制冷剂,在此由空气冷却,使其液化成为液态制冷剂。

6. R12 为 Refrigerant 12 的简称,其中英文字母 R 是制冷剂(Refrigerant)的简称,数字代号使用的是美国制冷工程师协会(ASRE)编制的代号系统,其化学名称为二氯二氟甲烷(CF_2Cl_2)。

因 R12 制冷剂中含有氯化物,经证实会破坏臭氧层,因此已经被禁用,改采用 R134a 制冷剂。

7. 汽车空调制冷系统的工作原理分为压缩、放热、节流、吸热四个过程。

压缩过程:汽车空调压缩机吸入蒸发器出口处的低温低压制冷剂气体,把它压缩成高温高压气体排出压缩机,经管道进入冷凝器。

放热过程:高温高压的过热制冷剂气体进入冷凝器后,由于温度的降低,达到制冷剂的饱和蒸汽温度,制冷剂气体冷凝成液体,并放出大量的液化热气。

节流过程:温度和压力较高的液态制冷剂通过膨胀装置后体积变大,压力和温度急剧下降,以雾状排出膨胀装置。

吸热过程:雾状制冷剂液体进入蒸发器,由于压力急剧下降,达到饱和蒸汽压力,液态制冷剂蒸发成气体。蒸发过程中吸收大量的蒸发器表面热量,变成低温低压气体后,再次循环进入压缩机。

8. 对压缩机的结构和性能上的特殊要求如下:

(1)制冷能力要强。

(2)节省能力。

(3)体积和质量要小。

(4)在高温和颠振的情况下能正常工作。

(5)启动运转平稳、噪声低、工作可靠。

9. 储液干燥器全称为储液干燥过滤器,主要作用有储存制冷剂、过滤水分与杂质、防止气态制冷剂进入蒸发器等。还提供了系统内液态制冷剂的缓冲空间,能及时调整和补充供给恒温膨胀阀的制冷剂流量,以保证系统内制冷剂流动的连续性和稳定性。

10. 膨胀阀的作用如下:

(1)节流作用。膨胀阀节流小孔将改变流入的液态制冷剂的压力,从高压变低压。

(2)调节作用。安装在膨胀阀体上的恒温控制阀按照要求改变开启或关闭位置来控制通过节流孔的液态制冷剂流量。

(3)控制作用。恒温膨胀阀必须快速地对热负载工况变化作出反应。

11. H 形膨胀阀取消了外平衡式膨胀阀的外平衡管和感温包,使其直接与蒸发器进出口相连。H 形膨胀阀因其内部通路形状像 H 而得名。它有 4 个接口通往汽车空调系统,其中两个接口和普通膨胀阀一样,一个接储液干燥器的出口,一个接蒸发器的进口,但另两个接口,一个接蒸发器的出口,一个接压缩机的进口,感温包和毛细管均由薄膜下面的感温元件取代。

H 形膨胀阀结构紧凑,性能可靠。由于没有感温包、毛细管和外平衡接管,避免了因汽车颠簸、振动而使充注系统断裂外漏以及感温包松动影响膨胀阀工作,提高了膨胀阀的抗振性能。

12.膨胀阀的另一种形式是节流管,也称毛细管,用于孔管系统上,它没有感温包、平衡管,而有一个小孔节流元件和一个网状过滤器。它一般用在隔热性能好,且车内负荷变化不大的轿车上。与膨胀阀相比,它结构简单,可靠性好,价格便宜,应用广泛,美国、日本的许多高级轿车都采用这种节流方式,但它不能根据工况变化调节制冷剂的流量。节流管根据使用情况尺寸也有所不同,其节流元件堵塞会导致节流管失效,即使清理堵塞,节流管的节流效果也不理想,所以节流管一旦失效,通常都是直接换件,而且储液罐一般也要同时更换。

13.R12制冷剂的特性有:

(1)无色、无刺激性臭味;一般情况下不具有毒性,对人体没有直接危害;不燃烧、无爆炸危险;热稳定性好。

(2)在一个标准大气压下R12的沸点为-29.8℃,凝固温度为-158℃。

(3)R12对一般金属没有腐蚀作用。

(4)使用R12的制冷系统要求使用特制的橡胶密封件。

(5)R12有良好的绝缘性能。

(6)R12液态时对冷冻润滑油的溶解度无限制,可以任何比例溶解。这样在整个制冷循环中,冷冻润滑油通过R12参与循环,对空调压缩机进行润滑。

(7)R12对水的溶解度很小。

14.冷冻油具有以下作用:

(1)润滑作用。压缩机是高速运转的机器,轴承、活塞、活塞环、曲轴、连杆等机件表面需要润滑,以减少阻力和磨损、延长使用寿命、降低功耗、提高制冷系数。

(2)密封作用。汽车使用的压缩机传动轴需要油封来密封,以防止制冷剂泄漏。有润滑油,油封才起密封作用。同时,活塞环上的润滑油不仅起减摩作用,而且起密封压缩机蒸气的作用。

(3)冷却作用。运动的摩擦表面会产生高温,需要用冷冻油来冷却。冷冻油冷却不足,会引起压缩机温度过热、排气压力过高、降低制冷系数,甚至烧坏压缩机。

(4)降低压缩机噪声。

15.空调制冷系统对冷冻油的性能要求如下:

(1)冷冻油的凝固点要低。

(2)冷冻油的黏度受温度的影响要小。

(3)冷冻油与制冷剂的溶解性能要好。

(4)冷冻油要具有较高的热稳定性。即在高温下不氧化、不分解、不结胶、不积炭。

(5)冷冻油应无水分。

16.汽车空调采暖系统的功能是将冷空气送入热交换器,吸收某种热源的热量,提高空气的温度,并将热空气送入车内。

17.水暖式采暖系统实际上是发动机冷却系统的一部分,大致可分为两大部分,即热水循环回路和配气装置。热水循环回路与发动机的冷却系统相连通,借助于发动机的水泵实现热水循环。来自发动机冷却系统的热水从进水管流经加热器控制阀进入散热器,然后经由出水管回到发动机的冷却系统,实现回路的循环。在通风装置中,由风机(电动鼓风机)强制使空气循环运动。空气经由进风口被吸入,流经加热器时将被加热,并由出风口导出,进入车厢内实现取暖或为风挡除霜。

18. 进入车内的空气由车外新鲜空气和车内再循环空气组成。车外空气受到粉尘、烟尘以及汽车尾气中 CO、SO_2 等有害气体的污染;车内空气受到乘客呼出的 CO_2、人体汗味以及漏入车内的废气污染。这些因素降低了车内空气的洁净度,而空气净化器能够清除车内空气中的异味微粒,并能去除车外空气中的花粉和灰尘,使空气得到净化。

19. 制冷系统抽真空的步骤如下:

(1) 连接歧管压力表、真空泵。

(2) 开动真空泵,打开歧管压力表的高、低压手动阀。几分钟后,在歧管压力表上产生大于 750mmHg 高度的真空度,再持续 10min 后停止抽真空。

(3) 关闭高、低压手动阀,其表针应在 10min 内不得回升。

(4) 检漏。从低压端注入少量气态制冷剂。用电子检漏仪或肥皂液等方法检查漏点,并将漏泄之处修理好。

(5) 再次开动真空泵,打开歧管压力表的高、低压手动阀,继续抽真空 15min,然后关闭高、低压手动阀,为后面进行向系统充注制冷剂做好准备。

20. 制冷剂有两种加注方法:液态加注法和气态加注法。液态加注制冷剂时,要保持空调压缩机不工作,制冷剂从高压管路注入,低压表侧管路关闭,制冷剂罐倒置;气态加注制冷剂时,要保持空调压缩机处于工作状态,制冷剂从低压管路注入,高压表侧管路关闭,制冷剂罐正置。

21. 加注制冷剂的注意事项如下:

(1) 空调制冷循环系统中制冷剂的加注量要适量。

(2) 在打开制冷系统时,必须戴手套及防护眼镜,以免制冷剂冻伤皮肤。

(3) 制冷剂的排放应远离工作场所,并保持工作场所通风良好,以免造成窒息危险。

(4) 制冷系统打开后,一定要及时加盖或包扎密封,防止空气的潮气或杂质进入。

(5) 更换制冷部件后,要先为系统补充冷冻机油(注意不同品牌的冷冻机油不能混用),然后再加注制冷剂。

(6) 拧紧或拧松螺纹接头时,必须同时使用两把扳手。

(7) 空调低压管路和高压管路中的真空度应不低于 750mmHg,并保持 5min 不下降。

(8) 空调运行时,低压管路压力 0.15~0.25MPa 为正常;高压管路压力 1.37~1.57MPa 为正常。

(9) 制冷剂加注后,应进行泄漏检查。

22. 制冷剂的充注基本过程如下:

(1) 制冷系统抽真空。

(2) 制冷系统的制冷剂充注。

(3) 空调管路泄漏检查。

(4) 整理工位。

23. 汽车空调系统能在各种气候和行驶条件下,为乘员提供舒适的车内环境,并能预防或除去附在风窗玻璃上的雾、霜或冰雪,以确保驾驶人的视野清晰与行车安全。汽车空调主要由制冷装置、暖风装置、通风装置、加湿装置、空气净化装置和控制装置等部分组成。

24. 汽车空调制冷系统主要由压缩机、冷凝器、储液干燥器、膨胀阀、蒸发器、导管与软管、压力开关等组成。

25. 压缩过程：汽车空调压缩机吸入蒸发器出口处的低温低压制冷剂气体，把它压缩成高温高压气体排出压缩机，经管道进入冷凝器。

26. 放热过程：高温高压的过热制冷剂气体进入冷凝器后，由于温度的降低，达到制冷剂的饱和蒸汽温度，制冷剂气体冷凝成液体，并放出大量的液化气热。

27. 节流过程：温度和压力较高的液态制冷剂通过膨胀装置后体积变大，压力和温度急剧下降，以雾状排出膨胀装置。

28. 吸热过程：雾状制冷剂液体进入蒸发器，由于压力急剧下降，达到饱和蒸汽压力，液态制冷剂蒸发成气体。蒸发过程中吸收大量的蒸发器表面热量，变成低温低压气体后，再次循环进入压缩机。

29. 压缩机有两个重要的功能：一是使系统内产生低压条件；二是使制冷剂循环，把制冷剂蒸汽从低压压缩至高压，两种功能同时完成。

轿车空调制冷系统压缩机，一般都是由汽车发动机驱动，其结构形式有曲柄连杆式、斜盘式、旋转式等。

30. 膨胀阀的针阀是通过膜片连动的，膜片的控制因素有3个：蒸发器的压力使阀关闭；弹簧压力使阀关闭；膜片顶部通过毛细管来自热敏管的惰性气体压力使阀打开。这3种力的合力使膨胀阀打开一定的开度，控制制冷剂的流量。

热敏管固定在蒸发器的出口或尾管处。热敏管感应出尾管的温度后，通过毛细管对阀中的膜片作用。当作用在膜片顶部的压力比蒸发器的压力与弹簧压力的组合还大时，针阀从阀座移开，直到压力达到平衡为止，以此方式将适量的制冷剂流入蒸发器芯。

尾管处的温度上升时，热敏管中的膨胀气体通过毛细管作用在膜片上的压力增加，膜片接着又迫使推杆向下推动阀销和针阀，使更多的制冷剂进入蒸发器。尾管处的温度下降时，热敏管和膜片上的压力降低，从而使针阀就座，流入蒸发器的制冷剂量受到限制。

31. 目前，汽车空调制冷系统使用的制冷剂通常有 R12 和 R134a 两种，其中英文字母 R 是制冷剂(Refrigerant)的简称，数字代号使用的是美国制冷工程师协会(ASRE)编制的代号系统。

32. 按黏度的不同，国产冷冻油牌号有 13 号、18 号、25 号和 30 号四种，牌号越大，其黏度也越大。进口冷冻油有 SUNISO 3GS、SUNISO 4GS、SUNISO 5GS 三种牌号。目前，汽车空调制冷系统通常选用国产18 号和25 号冷冻油，或进口 SUNISO 5GS 冷冻油。

33. 汽车空调采暖系统的功能是将冷空气送入热交换器，吸收某种热源的热量，提高空气的温度，并将热空气送入车内。目前绝大部分轿车上都采用水暖式取暖设备(少数风冷式发动机的轿车除外)，水暖式采暖系统利用的是发动机冷却液的热量。

34. 水暖式采暖系大致可分为两大部分，即热水循环回路和配气装置。热水循环回路与发动机的冷却系统相连通，借助于发动机的水泵实现热水循环。来自发动机冷却系统的热水从进水管流经加热器控制阀进入散热器，然后经由出水管回到发动机的冷却系统，实现回路的循环。

在通风装置中,由风机(电动鼓风机)强制使空气循环运动。空气经由进风口被吸入,流经加热器时将被加热,并由出风口导出,进入车厢内实现取暖或为风挡除霜。

35. 汽车空调采暖系统的主要组成部件有加热器总成、电动鼓风机总成和热水阀等。此外,其他部件有冷却液循环管路、采暖通道、风门控制电动机等。

36. 热水阀也称加热器控制阀,它安装在发动机冷却液通道中,用于控制进入加热芯的发动机冷却液的流量,可以通过空调控制面板上的温度调节杆进行操控。

37. 电动鼓风机总成由电动机和风扇组成,根据空气流动方向的不同,风扇可分为轴流式和离心式两种。轴流式风扇可将空气从与转轴平行的方向吸入,并将空气从与转轴平行的方向排出。

38. 加热器芯由管子和散热片等构成。新式的加热器芯的管道上有凹坑,可改善热量输出性能,加热器芯的形状与散热器相似。当热水阀打开时,加热后的发动机冷却液部分流经加热器芯,以便为车厢内乘员提供所需的热空气。

39. 汽车空调通风系统的功用是完成相对封闭的汽车厢内新鲜空气的补充及对车厢内部空间的气流进行调配的任务,以满足舒适度的要求。

40. 汽车空调系统采用的空气净化装置通常有空气过滤式和静电集尘式两种。前者是在汽车空调系统的送风和回风口处设置空气滤清装置,它仅能滤除空气中的灰尘和杂物,因此,结构简单,只需定期清理过滤网上的灰尘和杂物即可,故广泛用于各种汽车空调系统中。后者则是在空气进口的过滤器后再设置一套静电集尘装置或单独安装一套用于净化车内空气的静电除尘装置。它除具有过滤和吸附烟尘等微小颗粒杂质的作用外,还具有除臭、杀菌、产生负氧离子以使车内空气更为新鲜洁净的作用。由于其结构复杂,成本高,所以,只用于高级轿车和旅行车上。

41. 通风系统原理一般由3个阶段构成,第一阶段为空气进入段,第二阶段为空气混合段,第三阶段为空气分配段。

第一阶段为空气进入段,主要由气源门和气源门控制元件组成,用来控制新鲜空气和车内再循环空气的进入。

第二阶段为空气混合段,主要由蒸发器、加热器、调温门及控制元件组成,用来调节所需空气的温度。

第三阶段为空气分配段,空气分配段主要是控制空调吹出风的位置和方向。主要由各种风门、风道及控制元件组成,分别使空气吹向面部、脚部和风挡玻璃上。

42. 在气温较低的环境中,风窗玻璃内侧易结雾,甚至冰霜,会造成视线不良,严重影响行车安全。

43. 前风窗玻璃一般采用暖风加热的方法除雾,而后风窗玻璃通常采用电热线加热的方法除雾,其中电热线由镀在后风窗玻璃内表面的多条金属导电膜制成。

后风窗除雾电热线装置,由除雾开关、电热线开关、CPU、继电器及后窗除雾电热线等组成,除雾电热线定时器装在中央处理器(CPU)内。

44. 更换空调滤芯的技术标准与要求如下:

(1)使用压缩空气清洁空调滤芯。

(2)在拆卸和安装空调滤芯的过程中一定要注意轻拿轻放。

(3)在安装空调滤芯过程中,应注意不要损坏其他相关部件,例如发动机舱盖的密封胶条,副驾驶席前风挡下的储物盒等。

(4)一般说来,空调滤芯的更换周期为1万~2万km,如果经常对空调滤芯进行清理会一定程度上延长空调滤芯的使用寿命,但车辆行驶2万km以上,应及时更换空调滤芯。因为此时空调滤芯内的活性炭过滤功能已经减退,过滤效果开始下降。

45. 更换空调滤芯的步骤如下:

(1)确定空调滤芯的位置。

(2)将点火开关转到ON位置,并切换至再循环空气模式,然后关闭点火开关。

(3)双手向内压下储物盒两侧,用力卸下储物盒。

(4)双手轻压两侧的卡子,取出空调滤芯。注意不要用力过猛,以免损坏相关部件。

(5)检查空调滤芯是否破损,如有损坏应换用新件。

(6)使用棉纱和压缩空气清理空调滤芯上的灰尘。

(7)将清理后或更换的空调滤芯安装回原位。

(8)将储物盒安装回原位。

46. 加注制冷剂的标准与要求如下:

(1)空调制冷循环系统中加注R134a制冷剂,加注量要适量。

(2)在打开制冷系统时,必须戴手套及防护眼镜,以免制冷剂冻伤皮肤。一旦皮肤上溅到制冷剂,要立即用大量冷水清洗,千万不可用手搓。

(3)制冷剂的排放应远离工作场所,并保持工作场所通风良好,以免造成窒息危险。制冷剂不要靠近火焰,以免产生对人体有害的物质。

(4)制冷系统打开后,一定要及时加盖或包扎密封,防止空气的潮气或杂质进入。

(5)更换制冷部件后,要先为系统补充冷冻机油(注意不同品牌的冷冻机油不能混用),然后再加注制冷剂。

(6)拧紧或拧松螺纹接头时,必须同时使用两把扳手。

(7)空调低压管路和高压管路中的真空度应不低于750mmHg,并保持5min不下降。

(8)空调运行时,低压管路压力0.15~0.25MPa为正常;高压管路压力1.37~1.57MPa为正常。

(9)制冷剂加注后,应进行泄漏检查。

47. 一般情况下有两种方法:一是将发动机转速控制在2000r/min,风机转速开到高速挡,此时制冷系统低压侧的压力应为147~192kPa,高压侧的压力应为1373~1668kPa,不同车型,此值略有不同;另一个是如果制冷系统的干燥罐有观察窗,可在上述条件下通过干燥罐的观察窗观看制冷剂的流动情况,若流动的液态制冷剂中有气泡出现,说明制冷剂不足,需要继续加注制冷剂,直到气泡消失才说明制冷剂的加注量符合规定。

五、看图填空

1. 1-压缩机;2-膨胀阀;3-蒸发器;4-鼓风机;5-储液干燥器;6-冷凝器

2. 1-电动冷却风扇;2-压缩机;3-水阀;4-储液罐;5-冷凝器

3. 1-膜片;2-毛细管;3-均衡管;4-热敏管;5-蒸发器

4. 1-热水阀;2-节温器;3-风扇;4-散热器;5-水泵;6-加热芯

单元8 辅助电气设备

一、判断题

1. √;2. √;3. ×(高速用);4. ×(有的可以调整);5. √;6. ×(分离式)7. ×(必须配合安全带使用);8. √;9. ×(永磁直流电机);10. √;11. ×(不能完全密封,必须留有泄气孔);12. ×(系安全带时比不系安全带时的效果更好);13. ×(不是安全传感器);14. ×(必须同时接通);15. √;16. ×(利用辅助电路仍可提供电源)

二、选择题

1. A; 2. C; 3. C; 4. D; 5. C; 6. C; 7. A; 8. D; 9. B; 10. B

三、填空题

1. 自动升降、车窗玻璃升降器、电动机;2. 平行连动式、对向连动式、单臂式、平行连动式;3. 直流电动机、摇臂和刮水片;4. 前后移动、前端升降、后端升降、前后端同时升降;5. 门锁开关、门锁执行机构、门锁控制器、控制电路;6. 电动式、电磁式;7. 门锁执行机构、继电器式、集成电路(IC)—继电器式、电脑(ECU)控制式;8. 主机、喇叭(扬声器)、天线;9. 无方向性、伸缩、隐藏式;10. 各碰撞传感器、计算机及气囊;11. SRS;12. 传感器、气囊组件、气体发生器、电控单元;13. 主传感器、安全传感器;14. 刮水器;15. 喷嘴、水泵;16. 碰撞传感器、SRS计算机、气体发生器、气囊

四、简答题

1. 车门门锁及门锁传动机构主要由车门按钮、连接杆、门锁开关、车门锁芯、钥匙、锁杆、门锁锁扣等组成。其工作过程是:当用钥匙插入车门锁心后,门锁开关电路接通,使执行机构动作驱动连接杆(或直接扳动车门按钮,拉动连接杆),使门锁锁扣进行开启或锁止。

2. 控制电路主要由门锁开关、定时装置和继电器等组成。

门锁开关用于触发中央门锁系统各车门和行李厢锁止或开启。

定时装置是利用电容器的充放电特性,来控制执行机构的通电时间,使车门锁锁止或开启。

执行机构所流过的大电流由继电器触点提供,从而提高控制电路的安全性能和使用寿命。

3. 在下小雨或潮湿路面行驶前车带起的水珠会溅湿后车的风窗玻璃,偶尔要操作一下刮水器才能保持良好视线,给驾驶人带来麻烦。故如今的汽车刮水器除低高速外,通常附有间歇(INT)的位置。

4. 低高速附间歇动作式刮水器装置的电动机构造,与永久磁铁式刮水器电动机相同,只是在电路上多装了一个间歇继电器,及刮水器开关上多了一段间歇(INT)位置。

5. 汽车行驶时,风窗玻璃上常附着有灰尘、砂粒等,若不冲洗就直接使用刮水器时,会使刮水器片损伤,并易使风窗玻璃刮伤。同时风窗玻璃上太干燥时,也使刮水器片受到过大的阻力,易使刮水器电动机烧坏。

6. 所谓传感器分离式，是指各撞击传感器不与电脑及气囊装在一起。

7. 主电路是由左右撞击传感器、安全传感器及气体发生器所构成，当任何一侧或两侧的撞击传感器与安全传感器同时为 ON 时，气体发生器的电气点火装置点火。辅助电路是在发生撞击，致使蓄电池接头脱落时，用以确保电源，使气囊能产生作用，提高可靠性。而升压电路是在蓄电池电压下降时，用于稳定电源电压，以确保气囊产生作用的可靠性。

8. 当有撞击时，电流信号送达点火装置，约需 0.025s（以 50km/h 撞击墙壁的参考值）。气体发生器开始作用，至气囊膨胀，约需 0.030s。

9. 如今的汽车的电动车窗使用可左右旋转的串联式电动机操作，磁场线圈有两条方向相反的线圈，也称左转用线圈及右转用线圈，当不同的磁场线圈通电时，电枢的转动方向不相同，使电动窗向上或向下。

10. 气体发生器的作用过程为 SRS 电脑将电流送至点火装置，使点火剂燃烧，产生的热量使氮气产生剂也燃烧，大量的氮气使气囊在瞬间充气膨胀。

11. 所谓传感器整体式气囊，是指各撞击传感器与 ECU、气囊等合装在一起。

12. 由除雾热线开关、CPU、继电器及后窗除雾热线等组成。除雾热线定时器装在中央处理器（CPU）内。

13. 电动座椅具有前后移动、前端升降、后端升降及前后端同时升降等功能。

14. 如今的汽车均使用电动机驱动刮水器，根据刮水片的连动方式，刮水器可分为：平行连动式、对向连动式、单臂式，目前使用的刮水器多数是平行连动式。

电动刮水器可以保持一定速度摆动，不受发动机转速与负荷变化的影响，且可以随驾驶人需要，视雨势大小调整动作速度。电动刮水器更可以做每秒一次至 30s 一次间歇动作的无段变速调整。

15. 刮水器是由直流电动机、涡轮箱、曲柄、连杆、摆杆、摇臂和刮水片等部分组成。

利用电动机的动力，带动连杆机构，使刮水片产生作用。刮水器电动机转动时，使蜗轮上的曲臂旋转，经连杆使短臂以电枢中心做扇形运动，此短臂上安装右侧的刮水器臂，另一连杆与左侧的短臂连接，左右两侧的刮水器臂以电枢为中心做同方向左右平行的运动。

16. 检查刮水器的内容如下：

（1）喷射洗涤液，起动刮水器，检查喷射停止后是否有擦拭痕迹。如果有擦拭痕迹，就需要对刮水器橡胶刮片进行检查。

（2）检查端部是否发生弯曲，如果端部发生弯曲无法弹性复位时，说明刮水器接近了寿命极限，很快就会产生裂纹或端部断裂。最好在发生之前进行更换。

（3）拉起刮水器刷臂检查是否有足够的弹性。

（4）定期用湿纱布擦拭，除去积尘。

17. 洗涤液喷射方向可通过将喷嘴的喷孔上下、左右移动进行调整。如果有两个喷射孔时，可将一侧调整喷射于刮片动作范围（上下宽度）下端以上 1/3 处，剩下的喷射孔对准 2/3 的位置。

调整喷射角度用掰开的曲别针最合适，将曲别针插入喷射口内进行调整即可。但是，喷射口移动几毫米时喷出的位置就会移动 100mm 左右，所以要耐心地边试边调整。

18. 拆装刮水片的步骤如下：

(1) 拆卸刮水片。拉起刮臂,使刮臂在弹簧力作用下与其接头自动保持垂直。在树脂卡扣的安装根部可看到设有锁止解除杆。用手压下位于刮水片主桥上的定位凸台,并用手下推刮水片,将刮水片从刮杆上脱出。

(2) 检查刮水片。检查刮水片的主桥、副桥是否存在扭曲变形现象。检查胶条是否存在老化、龟裂或折断现象。

(3) 安装刮水片。将刮水片主桥上的连接块插入刮臂的弯钩内。上推刮水片,使刮水片连接块上的凸台落座于刮臂弯钩上的方孔内。将刮臂水平伸直,使刮水片胶条贴合在风窗玻璃上。

(4) 刮水片安装后的性能测试。起动刮水器向风窗玻璃喷射水柱,刮水片来回摆动 3～4 次后停止于风窗玻璃的下边沿。察看风窗玻璃表面的清洁情况。如果玻璃表面洁净、明亮,无水渍残痕,证明刮水片刮拭效果良好。否则,再次检查或更换刮水片,直到符合规定要求为止。

19. 刮水器电动机电路可按以下方法检查:

(1) 拔下刮水器电动机的电插头。将点火开关旋置 ON 挡位,拨动刮水器开关。

(2) 将刮水器开关拨至 2 挡位,接通点火开关和刮水器电动机低速挡位间的电路。使用万用表测量刮水器电动机电插头上的绿/黑导线电压,应约为蓄电池电压。

(3) 将刮水器开关拨至 1 挡位,接通点火开关和刮水器电动机高速挡位间的电路。使用万用表测量刮水器电动机电插头上的绿/黄导线电压,应约为蓄电池电压。

(4) 将刮水器开关拨至 4 挡位,接通点火开关和刮水器电动机间歇挡位间的电路。使用万用表测量刮水器电动机电插头上的绿/黑导线电压,应为间歇通电状态。

(5) 将刮水器开关拨至 3 挡位,接通点火开关和刮水器电动机复位开关间的电路。使用万用表测量刮水器电动机电插头上的黑/灰色导线电压,应约为蓄电池电压;使用万用表测量刮水器电动机电插座上的绿色和棕色导线间的电阻值,应约为∞。

20. 内后视镜是指利用镀铬材料,感知周围亮度与后方灯光的亮度,通过内后视镜中 EC 元件的电化学反应使后视镜表面着色,以控制后视镜的反射率。可防止车门后视镜在后方车辆前照灯的照射下产生眩光,妨碍驾驶人对后方的观察。

21. 气体发生器是包含在气囊总成内,由点火装置、点火剂、氮气产生剂及过滤器等组成,安装在金属容器内。

气体发生器的作用过程为 SRS 计算机将电流送至点火装置,使点火剂燃烧,产生的热量使氮气产生剂也燃烧,大量的氮气使气囊在瞬间充气。

22. 下雨或下雪时,为保持良好的视线,前及后风窗玻璃上均装有刮水器,以扫除玻璃上的积水或积雪。

如今的汽车均使用电动机驱动刮水器,这样可以保持一定速度摆动,不受发动机转速与负荷变动的影响,且可以随驾驶人需要,视雨势大小调整动作速度。电动刮水器更可以做每秒一次至 30s 一次间歇动作的无段变速调整。根据刮水片的连动方式,刮水器可分为平行连动式、对向连动式和单臂式。目前使用的刮水器多数是平行连动式。

23. 刮水器是由直流电动机、涡轮箱、曲柄、连杆、摆杆、摇臂和刮水片等部分组成。

24. 利用电动机的动力,带动连杆机构,使刮水片产生作用。如今的汽车刮水器直流电动机均使用永久磁铁的磁场以代替绕有线圈的磁场。

刮水器电机转动时,使蜗轮上的曲臂旋转,经连杆使短臂以电枢中心做扇形运动,此短臂上安装右侧的刮水器臂,另一连杆与左侧的短臂连接,左右两侧的刮水器臂以电枢为中心做同方向左右平行的运动。

25. 如今的汽车刮水器通常有低、高速挡,并且还有间歇(INT)挡的位置。间歇摆动的间隔时间一般是固定的,有的可以调整,最久可达30s左右。有些车子在间歇动作时,为能彻底刮净风窗玻璃上的尘土,并且避免刮水器片或玻璃刮伤,一般附有自动喷水动作。

26. 检查或更换刮水器电动机、刮水片技术要求与标准如下:
(1)拆装刮水器电动机时,应断开蓄电池负极电缆。
(2)正确调整曲柄的安装位置,保持刮水片在零位时处于车窗玻璃上的标记处。
(3)在连杆与曲柄的连接球碗内涂抹适量 $MOSO_2$ 润滑脂。

27. 起动刮水器向风窗玻璃喷射水柱,刮水片来回摆动3~4次后停止于风窗玻璃的下边沿。察看风窗玻璃表面的清洁情况。如果玻璃表面洁净、明亮,无水渍残痕,证明刮水片刮拭效果良好。否则,再次检查或更换刮水片,直到符合规定要求为止。

28. 中央控制门锁装置的功用如下:
(1)单独控制功能。
(2)后车门儿童安全锁止功能。
(3)中央控制锁止功能。
(4)钥匙占用预防功能。
(5)防盗功能。
(6)速度控制功能。

29. 中央门锁控制系统一般都由门锁开关、门锁执行机构、门锁控制器及控制电路等组成。

30. 门锁控制开关一般安装在驾驶人侧前门的扶手上。通过门锁控制开关可以同时锁上或打开所有的车门,将开关推向前门是锁门,推向后门是开门。

31. 钥匙控制开关安装在左前门和右前门的外侧门锁上,当从外面用钥匙开门和锁门时,钥匙控制开关便发出开门或锁门的信号给门锁ECU。

32. 门锁位置开关位于门锁总成内,用来检测车门的锁紧状态,它由一个触点片和一个开关底座组成。当锁杆推向锁门位置时,位置开关断开,而推向开门位置时接通。当车门关闭时,此开关断开;当车门打开时,此开关接通。

33. 车门门锁驱动装置是指车门锁止(或开启)的动力装置,常见的有电动式和电磁式两种。

电动式车门门锁驱动装置由双向永磁电动机及齿轮和齿条等组成,电动机旋转带动齿条伸出或缩回完成车门锁止(或开启)。电磁式车门门锁驱动装置是分别对锁止车门线圈和开启车门线圈进行通电,即可锁止或开启车门。

34. 门锁控制器是为门锁执行机构提供上锁、开锁脉冲电流的控制装置。门锁控制器常用形式有继电器式、集成电路(IC)—继电器式和电脑(ECU)控制式。

35. 遥控发射器在一定距离内完成对汽车车门开闭装置的执行器进行遥控的装置,可为驾驶人提供一个打开车门的方便手段。

36. 中央门锁的工作原理是通过遥控门锁的发射器发出微弱电波,此电波由汽车天线接收后送至中控门锁系统中的 ECU 进行识别对比,若识别对比后的代码一致,ECU 将把信号送至执行器来完成相应的动作。

37. 汽车音响主要由主机、喇叭(扬声器)和天线等部分组成。

38. 如今的汽车用 CD 碟盘均为多片式,CD 匣中可放入 6 片、8 片或 10 片等 CD 碟片。因 CD 碟盘体积较大,故大部分汽车均将 CD 碟盘安装在行李厢中。有些汽车是将 CD 碟盘装在驾驶侧中央扶手内,便于 CD 碟片换装。单片型 CD 因体积小,可置于音响主机下方或主机内。

39. 汽车用天线为无方向性,手动或电动天线均可伸缩。如今的部分汽车为避免天线在高速行驶时弯曲,或被折断,并加大收讯面积,以提高收讯品质,采用粘贴在后风窗玻璃上的隐藏式天线。

40. 安全气囊的全称为汽车安全辅助气囊系统,又称 SRS(Supplement Restraint System),是轿车上引人注目的新技术装置。汽车安全气囊在汽车发生碰撞时,可以迅速在乘员和汽车内部结构之间打开一个充满气体的袋子,使乘员撞在气袋上,避免或减缓碰撞,从而达到保护乘员的目的。

41. 由于乘员和气囊相碰撞时容易因振荡造成对乘员的伤害,所以在气囊背面会开有两个用于泄气的圆孔。这样,当乘员和气囊相碰撞时,借助圆孔的放气可减轻振荡,有助于保护乘员。

42. 机械式安全气囊系统主要由传感器、气囊组件和气体发生器等组成,其工作是由传感器直接引爆点火。由于这种系统的可靠性差、容易误操作,所以已经很少使用。

43. 电子式安全气囊系统主要由传感器、气囊组件、气体发生器和电控单元等组成。

当前方或斜前方发生碰撞时,前部碰撞传感器输出信号给电控单元,当碰撞冲量超过预先设定的值时,安全气囊点火。

44. 所谓传感器分离式,是指各碰撞传感器不与计算机及气囊装在一起。左侧及右侧碰撞传感器分别装在发动机舱及乘客室间隔板下方的两侧。

传感器分离式的电子控制式气囊系统的组成,由左侧及右侧碰撞传感器、SRS 计算机、气体发生器、气囊、SRS 警告灯及配线等组成。

45. 气体缓冲式碰撞传感器由膜片、螺旋弹簧及可动接点所组成,属于电子控制式传感器。金属外壳的传感器内封入惰性气体,各接点均经镀金处理,以确保导电性持久良好。平时可动接点被螺旋弹簧拉住,因此可动接点与固定接点是分开的,为 OFF 状态,当碰撞时,减速度产生的力量比螺旋弹簧弹力大,故可动触点与固定触点接触,为 ON 状态。

46. 滚柱式碰撞传感器由滚柱、曲面板、弹簧触点及电阻器等组成,曲面板及弹簧触点各接出一条电线,也是属于电子机械式传感器。平时滚柱在静止位置,为 OFF 状态;当碰撞时,滚柱越过曲面板,使曲面板与弹簧接点成为 ON 状态,故电路接通。

47. SRS 计算机由主电路、辅助电路、升压电路及自诊断电路所组成,且内藏滚柱斜接式的安全传感器。

48. 主电路是由左右碰撞传感器、安全传感器及气体发生器所构成,当任何一侧或两侧的碰撞传感器与安全传感器同时为 ON 时,使气体发生器的电气点火装置点火。

49. 辅助电路是在发生碰撞,致使蓄电池接头脱落时,用于确保电源,使气囊能产生作用,提高可靠性。

50. 升压电路是在蓄电池电压下降时,用于稳定电源电压,以确保气囊产生作用的可靠性。

51. 在整个气囊电路系统中,装设有自诊断电路。当点火开关在 ON 挡,车辆在运转状态,若系统有异常时,仪表板上的 SRS 警告灯会点亮,以警告驾驶人。

52. 气囊为尼龙布所制成,与气体发生器一起置放在气囊总成内。气囊通过大量的氮气而发生膨胀,在气囊后方有两个排气口,可在作用后排出氮气。

当有碰撞时,电流信号送达点火装置,约需 0.025s(以 50km/h 碰撞墙壁的参考值)。气体发生器开始作用,至气囊气体发生,约需 0.030s。

53. 所谓传感器整体式,是指各碰撞传感器与计算机、气囊等合装在一起。其碰撞传感器称为主传感器与安全传感器,与 SRS 计算机等合装在 SRS 机构内。主传感器与安全传感器均为电子机械式传感器。

54. 与传感器分离式的电子控制式气囊系统相比较,其作用大致相同。其主要不同点为 SRS 机构内的主传感器、安全传感器及安全开关。主传感器与前述的气体缓冲式碰撞传感器的构造及作用完全相同。安全传感器为磁铁引导开关式,装在封入惰性气体的玻璃罐内,接点也是镀金。当发生碰撞时,磁铁受力产生滑动,使引导开关成为 ON 的状态。

安全开关,是当气囊总成的固定螺钉拆下时,安全开关 1OFF,使 SRS 机构的主电路成为断路,以防止气囊误动。同时安全开关 2 使电容器的放电电路 ON,以加速电容器的放电。

计算机的组成,电路的作用与前述均相同,但主电路中,必须主传感器与安全传感器均 ON 时,气囊才会作用。

五、看图填空
1. 1-刮水片;2-刮水器臂;3-连杆;4-曲臂
2. 1-喷水管;2-喷嘴;3-储水箱;4-喷水器电动机
3. 1-电动机;2-限位开关;3-减速齿轮;4-离合器机构
4. 1-发射机;2-分配器;3-无线电调频机;4-执行元件;5-接收机 ECU
5. 1-左侧撞击传感器;2-乘客侧气囊总成;3-驾驶侧气囊总成;4-SRS 警告灯;5-右侧撞击传感器;6-SRS 计算机
6. 1-膨胀器;2-气囊;3-转向盘盖
7. 1-膨胀器;2-气囊;3-SRS 警告灯;4-SRS 机构
8. 1-安全传感器;2-主传感器;3-安全开关